A SONG FOR YOU

50 canzoni per vincere le sfide della vita

ALBERTO PELLAI • BARBARA TAMBORINI

A SONG FOR YOU

50 canzoni per vincere le sfide della vita

ILLUSTRAZIONI DI
VERONICA VECI CARRATELLO

DeAGOSTINI

Testi: Alberto Pellai, Barbara Tamborini
Illustrazioni: Veronica Veci Carratello

Art direction: Marco Santini
Progetto grafico: Elena Scanferla
Impaginazione: Stefania Merenda

Redazione: via Inverigo, 2 - 20151 Milano

www.deaplanetalibri.it

Stampa: DRUK-INTRO SPÓŁKA AKCYJNA – Polonia 2019

SOMMARIO DELLE CANZONI

a song for you

INTRODUZIONE

Tra le cose che ci hanno aiutato a crescere e a diventare le persone che siamo, la musica occupa un posto rilevante. Durante l'età evolutiva, ha rappresentato una colonna sonora fondamentale per dare un senso alle nostre emozioni impazzite e una risposta alla nostra ricerca di significato.

Abbiamo selezionato 50 canzoni che hanno accompagnato la crescita e la vita di uomini e donne che oggi sono adulti, educatori, genitori. Ognuna di esse contiene probabilmente un piccolo frammento di vita del lettore adulto che deciderà di sfogliare questo libro e di fare un viaggio nel passato, alla riscoperta di emozioni e ricordi. Ma non si tratta di un semplice "amarcord", perché i brani contengono messaggi e raccontano storie che possono avere un'intensa affinità con il percorso di vita: il nostro e quello di chi ci vive accanto.

Ogni canzone è stata scelta per ciò che ha da dire ai ragazzi di oggi. Ai nostri figli. Noi autori ne stiamo crescendo quattro. Il primogenito è diventato da poco maggiorenne. Gli altri tre si muovono nel territorio della preadolescenza e dell'adolescenza. Ci siamo accorti che condividere pensieri e riflessioni su aspetti importanti della loro crescita e del nostro progetto educativo diventa più facile se invece di tanti "spiegoni" ci si affida a una canzone: un piccolo frammento di educazione alla bellezza e di allenamento alla vita. Un modo poetico e intenso di lasciare tracce piene di senso in un mondo che – con le sue mille contraddizioni e con il sovraffollamento di stimoli – rischia di invalidare la ricerca di significato, emozione e relazione che rappresenta la cifra del percorso di crescita e di ricerca identitaria in preadolescenza e adolescenza.

Per esempio, *Father and Son* di Cat Stevens è stata utilissima per cogliere alcuni aspetti del conflitto intergenerazionale. Mentre *I Will Survive* di Gloria Gaynor si è rivelata un toccasana al termine di una storia d'amore con un partner irrispettoso. La rabbia che spesso connota l'impulsività con cui un adolescente risponde ai genitori è la stessa espressa da Roger Daltrey in *My Generation* degli Who. Il bisogno di attraversare il dolore della perdita di una persona amata è cantato in modo commovente da Eric Clapton in *Tears in Heaven* e dai Cranberries in *Ode to My Family*.
La necessità di far fronte alla fatica a cui la vita a volte ci sottopone è raccontata dai R.E.M. in *Everybody Hurts* e da Bruce Springsteen in *Dancing in the Dark*.

Ma le canzoni del secolo scorso, quelle che ancora oggi conservano la loro freschezza e la loro potenza, invitano anche ad alzare lo sguardo. A uscire dall'eccesso di autoreferenzialità. A credere che un mondo migliore può esistere, è un nostro diritto e dipende dalle scelte che ogni giorno decidiamo di fare. Questo messaggio è arrivato ai giovani attraverso inni che sono diventati manifesti di rivolta e grida di libertà e che hanno rappresentato lo stimolo a impegnarsi in prima persona: *People Have the Power* di Patti Smith, *(I Can't Get No) Satisfaction* dei Rolling Stones, *Imagine* di John Lennon, *Blowin' in the Wind* di Bob Dylan.
Le canzoni cercano di dare senso alle sfide della vita, ma ci parla-

no anche di come quelle sfide sono state vissute dagli artisti che ce le hanno regalate. Freddie Mercury stava morendo ma cantava con voce potente *The Show Must Go On*, che ad ascoltarla oggi mette i brividi. Paul McCartney ha scritto *Hey Jude* per consolare Julian Lennon, il figlio di John, che stava affrontando il dolore della separazione dei genitori. I Pink Floyd hanno toccato il tema del disagio emotivo e psicologico quando Roger Waters sembrava incapace di reggere il confronto con un pubblico sempre più esigente dopo l'enorme successo mondiale del gruppo.

Abbiamo cercato di costruire uno strumento che educhi alla bellezza e alla vita e che celebri i musicisti che hanno colorato con la loro arte i momenti più salienti di un'epoca che, pur essendo ormai passata, ha presentato e messo in scena sfide oggi più che mai attuali, come ci dimostrano quotidianamente i nostri figli con la loro voglia di autenticità, speranza e futuro. Quindi, si spengano le luci, si apra il sipario. Entrate in scena e diventate protagonisti del più bel concerto al quale potete prendere parte: la vostra vita. Quella che avete già vissuto, quella che state vivendo e quella che vi sta aspettando.

Alberto Pellai
Barbara Tamborini

PROVE DI VOLO

Un padre e un figlio. Sono soli nella stanza. Stanno litigando. Il padre parla con voce calma. Il figlio urla. C'è una valigia vicino alla porta. «Lasciami andare, papà. Dimmi che sei d'accordo. È tutta la vita che faccio quello che voi vi aspettate da me, mettendo da parte i miei sogni. Ma ora non posso più vivere come in una recita a soggetto, seguendo il copione che è stato scritto da te, dal nonno, e da tutti coloro che sono venuti prima. Io ho dentro un fuoco che arde. Papà, io devo andare. Non puoi opporti».

«Sono stato giovane anch'io, figlio mio. Quando siamo giovani abbiamo la testa piena di sogni, di illusioni. Abbiamo voglia di fare, di andare, come se il destino del mondo dipendesse da noi soltanto. Invece, rischiamo di farci male. Di non arrivare da nessuna parte. Di partire convinti e di tornare sconfitti. Fai come me, figlio mio. Trovati una buona sistemazione, cerca una ragazza da sposare, vivi un'esistenza tranquilla. E quando avrai la mia età, ti accorgerai che questo era tutto ciò che la vita si aspettava da te. E che tu dovevi aspettarti dalla vita».

Il ragazzo ora piange. Suo padre proprio non riesce a comprenderlo. Cerca di abbracciarlo, ma lui si gira dall'altra parte e gli volta le spalle. Allora, afferra la valigia, apre la porta ed esce. Sopra di lui il cielo. Davanti a lui la vita, che lo sta aspettando.

How can I try to explain, when I do he turns away again.

Come posso provare a fargli capire, se quando gli parlo lui si gira dall'altra parte?

It's always been the same, same old story.

È sempre la solita, solita vecchia storia.

From the moment I could talk I was ordered to listen,

Sin da quando ho imparato a parlare, mi è stato ordinato di ascoltare

now there's a way and I know that I have to go away,

ma adesso so che per me è arrivato il momento di andare,

I know I have to go.

so che devo andarmene via.

IL MESSAGGIO IN BOTTIGLIA

CONFLITTI INTERGENERAZIONALI

C'è un momento in cui bisogna avere il coraggio di seguire la propria strada. Di mollare tutte le certezze e di assumersi il rischio di diventare grandi.

FATHER AND SON

CAT STEVENS

Autore: Steven Demetre Georgiou

Etichetta: BMG

Album: *Tea for the Tillerman*

Anno: 1970

OLTRE LA CANZONE

In origine Cat Stevens scrisse questa canzone per un musical intitolato *Revolussia*, storia di un figlio che, durante la rivoluzione russa, voleva unirsi ai moti rivoluzionari contro il parere del padre. Il musical non vide mai la luce, ma questa canzone divenne un inno senza tempo, per come descrive il conflitto tra genitori e figli e l'inevitabile distacco tra loro durante l'adolescenza e la giovinezza. La canzone, pubblicata nel 1970, ha avuto in seguito innumerevoli cover. Quanto a Cat Stevens, dopo il grande successo ottenuto negli anni Settanta, nel 1977, dopo aver rischiato di morire annegato, visse una profonda crisi esistenziale, che lo portò a convertirsi all'Islam con il nome di Yusuf Islam. È con questo pseudonimo che nei decenni seguenti sono usciti i suoi nuovi progetti musicali.

L'AMICO VERO

La sua domanda di trasferimento è stata accettata: per Laura all'improvviso si è aperta una nuova vita, in un'altra città, in un'altra nazione. Tutto sembrava bello, eppure dentro di lei si è fatta strada a poco a poco una sensazione fredda e grigia. Ora, tre settimane dopo la partenza, sente che è giunto il momento di aprire quella busta che Lucia, la sua amica del cuore, le ha consegnato al check-in dell'aeroporto, dicendole: «Il giorno che ti senti davvero a terra, leggi questo messaggio». Dentro la busta c'è una lettera: "Potrà succederti di sentirti a terra, di avere bisogno di qualcuno che ti tenda la mano. Potranno capitare giornate in cui sembra che nulla vada per il verso giusto, in cui il cielo sarà grigio e pieno di nubi, con un vento freddo che ti soffia contro. Camminerai in mezzo alla folla, eppure ti sentirai sola. Ma tu non lasciarti andare allo sconforto: chiudi gli occhi e pensa a me. Io sarò con te. Saprò consolarti e illuminare anche i tuoi momenti più terribili. Perché tu hai un'amica, un'amica vera, che ti raggiungerà, in qualsiasi parte del mondo ti trovi. Non c'è distanza che possa separare due amici. Ti voglio bene. Tanto bene. La tua amica del cuore". Laura prende il telefono e chiama Lucia. «Che ne dici, amica del cuore, di venire a stare qualche giorno da me?».

YOU'VE GOT A FRIEND

CAROLE KING E JAMES TAYLOR

Autrice: Carole King

Etichetta: Sony/ATV Music Publishing LLC

Album: *Tapestry*

Anno: 1971

OLTRE LA CANZONE

You've Got a Friend è stata scritta da Carole King ed è il frutto di un'ispirazione allo stato puro, una sensazione che King non ha mai più sperimentato nella sua carriera: «La canzone si è scritta praticamente da sola, da qualcosa che era esterno a me e che mi ha attraversato» ha affermato l'artista. Poiché il brano è stato inciso nello stesso anno, il 1971, sia da Carole King, sia da James Taylor, ha permesso a entrambi di vincere ai Grammy Awards, i premi della musica più importanti al mondo. James Taylor ha ricevuto il premio per la miglior performance vocale maschile, mentre Carole King ha ricevuto il premio per la canzone dell'anno. Le cover di questo brano sono infinite e hanno contribuito a renderlo l'inno all'amicizia più cantato nel mondo.

You just call out my name,

Semplicemente chiamami

and you know wherever I am

e, non importa in quale posto del mondo mi troverò,

I'll come running to see you again.

io correrò da te di nuovo.

Winter, spring, summer, or fall,

Non importa se è inverno o primavera, autunno o estate:

all you have to do is call and I'll be there.

devi semplicemente chiamarmi e verrò.

IL MESSAGGIO IN BOTTIGLIA

AMICIZIA

Il vero amico ti fa comprendere quanto per lui sia bello e importante poterti stare a fianco, quando ne hai bisogno. Un vero amico vale più di un tesoro.

INCOMPRENSIONI

Un uomo. Una donna. Sono sdraiati uno di fianco all'altra. Lei è triste. L'ennesima lite tra loro. L'ennesima incapacità di parlarsi davvero, comunicare intimamente. Ci ha provato, lei, a fargli capire di cosa ha davvero bisogno. Di essere ascoltata, non solo con le orecchie, ma anche con il cuore. Ma lui non ce la fa.

Ora vorrebbe toccarla, stringerla, averla accanto.

Corpo sul corpo: questo è ciò che conta per lui. Cuore sul cuore: questo, invece, è ciò che vorrebbe lei. Per questo adesso non riesce a stringerlo, a sintonizzarsi con lui, a fare l'amore.

«Sono anni che ci amiamo, eppure ancora tu non sei capace di chiedermi scusa. Non la sai proprio pronunciare, questa parola semplicissima, eppure così importante. Sbagli e tutto quello che sai fare è chiedermi che io ti stringa, ti abbracci, ti tenga qui, incollato sul mio corpo. Non sei mai riuscito a dirmi solo "Ti amo". Sono queste le parole di cui ho bisogno, profondamente bisogno. Se soltanto tu avessi compreso fino a che punto, ora il nostro amore sarebbe reale, intimo, completo. Forse avrei dovuto insegnarti io a dire queste parole. Forse avrei dovuto obbligarti a impararle».

Lei non parla più. Ha un'espressione triste.

Lui rimane lì, sospeso. "È difficile amarla, è una donna così complessa..." pensa dentro di sé. "Non le va mai bene niente".

Poi le sorride e le chiede: «Posso stringerti forte?».

"Sorry" is all that you can't say.

"Scusami": è questa la parola che non riesci a dire.

Years gone by and still words don't come easily,

Passano gli anni e ancora certe parole non riesci a pronunciarle,

like "sorry", like "sorry".

come "scusami", come "scusami".

"Forgive me" is all that you can't say.

"Perdonami": è questa la parola che non riesci a dire.

Years gone by and still words don't come easily,

Passano gli anni e certe parole non riesci ancora a pronunciarle,

like "forgive me", "forgive me".

come "perdonami", come "perdonami".

IL MESSAGGIO IN BOTTIGLIA

CHIEDERE SCUSA

In una storia d'amore, è importante saper chiedere scusa, ciascuno a suo modo, se non vogliamo che l'amore diventi solitudine e incomprensione. L'esatto opposto di ciò che dovrebbe essere.

BABY CAN I HOLD YOU

TRACY CHAPMAN

Autrice: Tracy Chapman
Etichetta: EMI
Album: *Tracy Chapman*
Anno: 1988

OLTRE LA CANZONE

La voce di Tracy Chapman è calda, profonda e inconfondibile, e questo l'ha resa una delle cantautrici afroamericane più note al mondo. Alcuni suoi brani sono stati successi planetari, come *Fast Car* e *Talkin' 'bout a Revolution*. La canzone *Baby Can I Hold You* non ha mai sfondato in classifica nella versione della cantautrice, nonostante sia uno dei brani più famosi della sua discografia. Ebbe molta più fortuna commerciale grazie alle cover che uscirono negli anni seguenti. Tra queste, c'è la versione cantata dalla stessa Tracy Chapman insieme al grande tenore Luciano Pavarotti: i due la eseguirono insieme nel 2001 in un concerto organizzato da Pavarotti per raccogliere fondi per la Cambogia e il Tibet. Questa esecuzione è inclusa nell'album *Pavarotti & Friends for Cambodia and Tibet*.

CANTA CON ME

«Ci sono cose nella vita che è quasi impossibile modificare. Vanno accettate per quello che sono. Vanno accolte dentro di sé, con tutto il dolore che portano. È un dolore che non può essere negato. Non può essere evitato. Lascia che ti penetri nel cuore, sotto la pelle e nel corpo. Non cercare di respingerlo. E ti accorgerai che poi tutto diventerà più semplice». Sono le parole che lo zio dice a Giulio, in un pomeriggio di un momento difficile.

I suoi genitori si stanno separando. Il papà ha incontrato una nuova compagna e quella che doveva essere la storia d'amore eterna è invece arrivata al capolinea. Giulio, anche se ha solo cinque anni, sente tutto il dolore e la fatica che questo cambiamento porterà nella loro vita famigliare. Per questo lo zio, oggi, sta cercando parole che allevino quella sofferenza. Ma è così difficile... Perciò prende la chitarra. Strimpella qualche nota un po' stonata. E poi dice al nipote: «Sai che cosa facciamo, ora? Prendiamo questa canzone che non ci piace e la rendiamo migliore. La facciamo diventare bella. La trasformiamo proprio come piace a noi».

Così, zio e nipote cominciano a cantare. Senza più pensare alle parole. Senza più pensare al motivo che li ha uniti, lì, in quel pomeriggio. Senza più lasciarsi paralizzare dalla tristezza.

È dolce cantare insieme. Dolce e profondo. La melodia entra dentro di loro e li attraversa. Ora Giulio ha compreso le parole dello zio. Non deve reggere tutto il peso di quel dolore sulle spalle. Proprio come la melodia, deve farlo entrare dentro di sé. E mentre canta accanto allo zio, per la prima volta dopo settimane, Giulio torna a sorridere.

HEY JUDE

THE BEATLES

Autori: John Lennon, Paul McCartney
Etichetta: Sony/ATV Music Publishing LLC
Album: *The Beatles*
Anno: 1968

OLTRE LA CANZONE

Questa canzone è un dono che Paul McCartney ha fatto a Julian, il figlio di John Lennon e di Cynthia, la prima moglie di John. Il rapporto tra John e Cynthia era entrato in crisi, dopo che lui aveva incontrato Yoko Ono, colei che avrebbe cambiato la sua esistenza, e in parte la storia della band stessa. Un giorno Paul andò a trovare Julian, che all'epoca aveva cinque anni. La visita fu per Cynthia motivo di grande gioia, perché le fece sentire che, nonostante tutto, avrebbe sempre potuto contare sull'amico. Sulla strada del ritorno Paul fermò l'auto e si mise a comporre questa canzone, che nella versione originale si intitolava *Hey Jules*. *Hey Jude* è uno dei più grandi successi dei Beatles: rimase in classifica per sedici settimane, raggiungendo anche la prima posizione e vendendo sette milioni e mezzo di copie in circa quattro anni.

Hey Jude, don't make it bad,

Hey Jude, non essere pessimista,

take a sad song and make it better.

prendi una canzone triste e rendila migliore.

Remember to let her under your skin,

Ricordati di farla penetrare sotto la pelle,

then you'll begin to make it better.

e allora inizierai a renderla migliore.

IL MESSAGGIO IN BOTTIGLIA

SEPARAZIONE

Quando due genitori si separano, parlare del nostro dolore e dei cambiamenti che viviamo è difficile, ma aiuta a stare meglio, a non sentirci soli, e a comprendere che, dopo la tempesta, tornerà il sereno.

SOLO PER SEMPRE

Aveva scelto la solitudine. Lui di fronte al mondo. Senza lasciarsi contaminare. Se ne era anche andato per un po'. E poi era tornato. Sempre da solo. Senza nessuno al suo fianco. C'era stata una donna bellissima, che avrebbe fatto carte false per lui. Aveva letteralmente perso la testa. E aveva provato a farglielo capire in tutti i modi. «Tu sei solo. Io sono la regina di cuori. E voglio solo te. Amiamoci». Ma lui aveva deciso, già prima di incontrarla, che nessuno avrebbe rotto l'incantesimo della sua solitudine. Nessuno sapeva come era nato quell'incantesimo. Ma era lì. Mentre tornava a casa, aveva riflettuto a lungo. Si era reso conto di avere scelto la solitudine non per coraggio, ma per paura. E ora quella stessa solitudine è diventata la sua prigione. Come vorrebbe non essere più solo, sentire due braccia strette intorno al suo corpo. Come vorrebbe non affrontare da solo il gelo dell'inverno. La sua vita è diventata come un paesaggio avvolto nella nebbia. Nessuno sa davvero che cosa c'è sotto. E nemmeno lui ormai sa che cosa è diventato, chi è. È solo. Disperatamente solo.

Desperado, why don't you come to your senses?

Desperado, perché non torni alla ragione?

Come down from your fences, open the gate.

Esci dalla tua prigione, apri il portone.

It may be rainin', but there's a rainbow above you.

Potrebbe piovere, ma c'è un arcobaleno sopra di te.

You better let somebody love you,

Lascia che qualcuno ti ami,

you better let somebody love you before it's too late.

dovresti lasciare che qualcuno ti ami prima che sia troppo tardi.

IL MESSAGGIO IN BOTTIGLIA

ORGOGLIO

Rifletti bene sulle scelte che fai, ma se dovessi accorgerti in seguito di aver cambiato idea, di voler invertire la rotta, non avere paura di ritornare sui tuoi passi.

DESPERADO

EAGLES

Autori: Glenn Frey, Don Henley
Etichetta: Asylum Records
Album: *Desperado*
Anno: 1973

OLTRE LA CANZONE

Ci sono voluti più di quattro anni per completare questo brano, che si ispira alle canzoni di Stephen Foster e che originariamente era stato scritto da Don Henley per spronare un amico di nome Leo a tornare in sé dopo una decisione che non aveva sortito gli effetti sperati. Quando Don e Glenn Frey vi rimisero mano ne fecero uno dei più grandi successi degli Eagles, uno dei pochi gruppi americani a poter vantare un disco *greatest hits* (ovvero una compilation delle proprie hit) che da solo ha venduto più di 50 milioni di copie. Quando uscì, *Desperado* non riscosse subito un grande successo commerciale, ma con il passare del tempo si è consolidato l'affetto del pubblico verso questo brano che, tra l'altro, è stato incluso tra le 500 più belle canzoni di tutti i tempi dalla rivista «Rolling Stone».

UNA DONNA NUOVA

Siamo alla fine degli anni Sessanta. Un uomo torna a casa dal lavoro. Ogni volta che rientra si aspetta di essere servito e riverito. Di avere ogni diritto, di poter pretendere tutto dalla sua donna. Che proprio perché è la "sua" donna gli deve obbedienza. Ma oggi le cose sono cambiate. Perché lui torna a casa e non trova una geisha, silenziosa e obbediente, pronta a prendersi cura di ogni suo bisogno. No, adesso è tutto diverso. «Non sono più il tuo giocattolo. Non puoi pretendere da me quello che non ti voglio dare. Oggi, sono io a chiedere una cosa a te. Esigo rispetto. Rispetto per me. Per la donna che sono. Per ciò che rappresento nella tua vita. Perché sono una donna. E alle donne è questo che si deve: rispetto». "Chi le avrà messo in testa queste strane idee?" pensa lui. Ma lei stavolta non si lascia intimidire. Sa chi è. Sa quel che vuole. E allora questa sera lui non può sedersi come al solito sul divano, a guardare la televisione, mentre lei gli prepara la cena. La segue in cucina e insieme preparano da mangiare. All'inizio è un po' arrabbiato. "Ci mancava anche questa: qui a tagliar patate, dopo tutto il lavoro di oggi". Ma lei, stasera, è allegra. Scherza con lui, lo fa sorridere. E lui si rilassa. "Forse ha ragione lei", pensa. Da oggi più rispetto. Anche perché fare le cose insieme non è poi così male.

RESPECT

ARETHA FRANKLIN

Autori: Aretha Franklin, Otis Redding

Etichetta: Atlantic Records

Album: *I Never Loved a Man the Way I Love You*

Anno: 1967

OLTRE LA CANZONE

Questa canzone in origine fu scritta ed eseguita da un uomo. E nella versione maschile, il significato era l'opposto. Un uomo torna a casa dal lavoro. Con lo stipendio. E quindi esige rispetto dalla propria compagna. Lei gli deve obbedire, perché è lui che porta i pantaloni. Ma nel 1967, sulla scia dei movimenti femministi e delle lotte per l'abolizione dell'apartheid, il brano fu cantato da Aretha Franklin e si trasformò nel più rivoluzionario inno in entrambi gli ambiti: la liberazione delle donne e quella degli afroamericani. La richiesta di rispetto trasformò il testo in un canto di protesta utile per promuovere i cambiamenti sociali che ancora dovevano avvenire nella società americana. Aretha Franklin propose la sua versione nel giorno di San Valentino del 1967 ed ebbe un enorme successo, molto superiore a quello del brano originale di Otis Redding, che nel corso del Monterey Pop Festival dichiarò che la canzone gli era «stata rubata da una ragazza».

All I'm askin' is for a little respect

Tutto quello che ti chiedo è un po' di rispetto,

when you come home (just a little bit).

quando torni a casa (solo un po').

Baby (just a little bit) when you get home

Sì, tesoro, quando torni a casa,

(just a little bit), yeah (just a little bit).

giusto un po' di rispetto.

IL MESSAGGIO IN BOTTIGLIA

RISPETTO

Non permettere mai a nessuno di togliertila dignità. Nella vita, il rispetto è forse la cosa che conta di più.

DIETRO IL SIPARIO

L'artista è triste stasera. Sta lì seduto sul palco. Il sipario è ancora calato. Sente il vociare del pubblico che lo acclama. Ma lui vorrebbe essere ovunque tranne che lì. Ha il cuore in subbuglio. Sa che potrebbe essere uno dei suoi ultimi show. La malattia lo sta divorando. E allora ripensa alla sua vita. Gli scorre davanti, rivede i luoghi in cui si è esibito. Erano pieni di gente, ma alla fine della serata lui tornava sempre da solo nel suo camerino. Che senso ha avuto la sua esistenza? Quelli che vengono ad ascoltarlo tornano a casa felici. Pretendono che lui riempia la loro vita di bellezza. Ma quello che lui dona agli altri, poi lo lascia svuotato. "È questa la vita che ho scelto? Davvero me la immaginavo così?". Ma improvvisamente si rende conto che un artista ha una vita unica e irripetibile. Deve essere generoso, regalare il suo talento. È questa la sua missione: donare felicità. Si alza e guarda la gente che affolla il teatro. Sono, felici, eccitati. Lo stanno aspettando. Molti hanno fatto un lungo viaggio per vederlo. Lo spettacolo deve andare avanti. Lo sa bene lui, che è stato sul palco anche nei giorni più difficili. Anche la sera di quel giorno terribile, quando il medico gli aveva annunciato che per lui non c'era speranza. "Lo spettacolo deve andare avanti" aveva detto a se stesso. E andare in scena lo aveva aiutato a ritrovare la forza. Non sapeva quando tutto sarebbe finito. Ma nel frattempo, lo show lo aiutava a sentirsi vivo. Amato. Fino a che c'era un pubblico ad attenderlo, c'era un buon motivo per salire sul palco della vita.

The show must go on! Yeah! The show must go on!

Lo spettacolo deve andare avanti! Sì! Lo spettacolo deve andare avanti!

I'll face it with a grin. I'm never giving in!

Lo affronterò con un sorriso smagliante. Non mi arrenderò!

On with the show!

Proseguiamo con lo spettacolo!

I'll top the bill, I'll overkill,

Sarò l'attrazione di punta, sarò straordinario,

I have to find the will to carry on!

devo trovare la volontà per andare avanti!

On with the show!

Proseguiamo con lo spettacolo!

IL MESSAGGIO IN BOTTIGLIA

RESILIENZA

Trova sempre un buon motivo per aggrapparti a quello che c'è davanti a te, per proseguire la tua corsa e il tuo cammino, anche nei momenti in cui ti sembrerà difficilissimo.

THE SHOW MUST GO ON

THE QUEEN

Autori: Farrokh Bulsara, John Deacon, Brian May, Roger Meddows-Taylor
Etichetta: Parlophone
Album: *Innuendo*
Anno: 1991

OLTRE LA CANZONE

Questa canzone chiude l'album *Innuendo*, pubblicato dai Queen nel 1991. Si tratta dell'ultimo disco uscito mentre Freddie Mercury, il carismatico leader del gruppo, era ancora vivo. Quando fu inciso, Mercury stava per morire, poiché l'AIDS, da cui era affetto da molti anni, era a uno stadio avanzatissimo. Le sue condizioni erano state tenute segrete, anche se molti sospettavano che la situazione fosse grave. *The Show Must Go On* è uno struggente messaggio di addio alla vita, ma anche una splendida celebrazione d'amore per il proprio mestiere. La vita dell'artista è una pulsione a non mollare mai, ad andare avanti, nonostante tutto. Come fa Freddie Mercury quando incide il brano. Lo riempie di vita, ben sapendo che il suo corpo è abitato da un destino mortale. Ascoltare la potenza straziante con cui canta questa canzone è una delle esperienze più emozionanti che si possano fare.

FUORI DA QUELLA PORTA

Un uomo e una donna. Si erano lasciati dopo una relazione in cui lei si sentiva sbagliata, inadeguata. Lui se ne era andato e lei era rimasta sola, impaurita. "Questa volta forse non ce la faccio a sopravvivere". Il dolore era lancinante. Le tagliava il cuore in due. Ma poi in lei era avvenuta una piccola rivoluzione. Giorno dopo giorno, aveva imparato a fare a meno di lui. E più passava il tempo, più si sentiva libera.
Per questo, ritrovarselo lì in casa, all'improvviso, con quella faccia triste, pronto a ricominciare, le sembra insopportabile. "Avrei dovuto cambiare la serratura" pensa. Ma non l'ha fatto e ora lui è lì, a pretendere un'altra chance.
Lei si alza e gli va incontro. Lui apre le braccia. Lei si ferma, ben salda sulle gambe, e tende il dito verso la porta. «Qui non sei più il benvenuto. Mi hai umiliata, mi hai fatto sentire piccola e sbagliata. E ora torni con quell'espressione da cane bastonato? Vattene. Come vedi non sono morta dopo di te. Anche senza di te saprò vivere la mia vita. Dopo che mi hai frantumato il cuore, che lo hai ridotto in mille pezzi, io li ho raccolti, uno per uno. Li ho rimessi insieme. E ora sono una donna nuova. Sono pronta per un altro amore. Con qualcuno che mi sappia apprezzare. Tu hai conosciuto la vecchia me, ma la donna che sono diventata non ha tempo da perdere con uno come te. Esci e non farti più vedere».
Lui esce barcollando. E da quella porta non rientrerà mai più.

I WILL SURVIVE

GLORIA GAYNOR

Autori: Dino Fekaris, Freddie Perren

Etichetta: Polydor

Album: *Love Tracks*

Anno: 1978

OLTRE LA CANZONE

I Will Survive appartiene al genere disco-music. Quando uscì fu considerato un brano riempipista, uno di quelli che faceva scatenare tutti in discoteca. Ma rappresenta anche una notevole eccezione in questo genere musicale, che di solito proponeva testi semplici e banali. *I Will Survive*, invece, è un testo di grande impegno sociale. Racconta la storia di una donna che sa mettere un confine tra sé e il partner che l'ha maltrattata, l'ha abbandonata e poi è tornato, come se niente fosse, per ricominciare la relazione. È un inno al cosiddetto "girl power", che si basa sull'importanza di saper affermare il proprio orgoglio e la propria dignità di fronte a chi cerca di toglierceli. Ecco perché è stato scelto da movimenti che hanno combattuto contro ogni forma di discriminazione, ed ecco perché ancora oggi è cantato (e ballato) in tutti i continenti.

It took all the strength I had not to fall apart,

C'è voluta tutta la mia forza per non crollare,

kept trying hard to mend the pieces of my broken heart.

per tenere insieme il mio cuore spezzato.

And I spent, oh, so many nights, just feeling sorry for myself,

E ho trascorso, oh, così tante notti a commiserarmi

I used to cry but now I hold my head up high,

e a piangere, ma adesso vado a testa alta.

And you see me, somebody new I'm not that chained up

E se mi guardi bene scoprirai che non sono più la donnetta in catene

little person still in love with you.

che pensava di amarti.

IL MESSAGGIO IN BOTTIGLIA

IMPARARE A DIRE NO

Non farti mai sopraffare. Metti un sano confine tra te e chi ti tratta male e impara a dire di no quando ce n'è bisogno.

SULLA CIMA DEL MONTE

Un uomo arriva in cima a un monte. C'è un monastero. Non ci vive più nessuno, solo un custode. «Mi dai riparo per questa notte?» gli chiede l'uomo. «Cammino da giorni. Cercavo un posto come questo, dal quale poter guardare tutto dall'alto. Anche la mia vita. E dal quale ripartire, dopo aver compreso qual è il mio ruolo nel mondo». Il custode è incuriosito. Gli capita spesso di accogliere amanti della montagna che arrivano fin lassù perché hanno bisogno di "arrivare in cima a una vetta". Ma per quell'uomo non è così. Lui sembra più un viandante. Un pellegrino. Quel visitatore inusuale gli racconta dei suoi lunghi viaggi. «Sono sempre alla ricerca di qualcosa che non so bene cosa sia. Mi domando se sto cercando Dio. Gli ho chiesto di darmi un segno. A volte mi è parso che mi rispondesse, ma forse era solo un'illusione. E allora ho proseguito il mio viaggio. Ho nuotato, scalato montagne e attraversato campi. Ho baciato labbra sconosciute, abbracciato corpi, sperimentato il calore più soffocante e il freddo più gelido. Eppure non sono mai riuscito a trovare pace. Sono certo che questa ricerca prima o poi mi condurrà alla meta. Ma non so quando avverrà. Ecco perché ti sto chiedendo aiuto». Il custode lo osserva. Ha il volto segnato, le mani indurite. Ma lo sguardo è limpido e trasparente. Gli porge una chiave. «Stanotte puoi dormire qui, e forse finalmente troverai pace. Forse sentirai di essere arrivato nel luogo che stai cercando da sempre».

I have climbed the highest mountains,

Ho scalato le montagne più alte,

I have run through the fields,

ho corso attraverso i campi,

Only to be with you,

solo per stare con te,

Only to be with you.

solo per stare con te.

But I still haven't found what I'm looking for.

Ma non ho ancora trovato quello che sto cercando.

IL MESSAGGIO IN BOTTIGLIA

DIO

Non abbandonare mai la ricerca di qualcosa che dia un senso profondo alla tua vita. Che si tratti di Dio o di altri valori o ideali, radica il tuo percorso in una ricerca di senso che soddisfi il tuo bisogno di verità.

I STILL HAVEN'T FOUND WHAT I'M LOOKING FOR

U2

Autore: Paul David Hewson
Etichetta: Island Records
Album: *The Joshua Tree*
Anno: 1987

OLTRE LA CANZONE

Si dice che quando compongono i loro brani gli U2 si riuniscano in interminabili sessioni di scrittura e improvvisazione. Ma alcuni successi sono stati il frutto di guizzi compositivi di The Edge, a partire dai quali Bono ha scritto il testo. Per questa canzone invece The Edge inventò il titolo e qualche parte del testo e Bono creò la base musicale, completando poi le parole. The Edge ha raccontato: «Eravamo a una festa. Bono mi disse che aveva un nuovo pezzo. Prese una chitarra acustica e me lo suonò. Ricordo che, nonostante non riuscissimo praticamente a parlare a causa della musica house sparata a tutto volume, la nuova melodia suonava talmente limpida e potente da riuscire a sovrastare la musica della festa...».

La natura intimista del brano, il coro gospel, l'apertura alle grandi domande rendono questa canzone un inno alla ricerca di se stessi e all'individuazione del proprio progetto di vita.

IL MURO DENTRO

Un uomo è seduto su una sedia. Guarda fuori dalla finestra. Da anni non parla con nessuno. Qualcuno lo chiama “il matto”. Qualcun altro “il murato”. Perché sembra che viva dietro un muro che, mattone dopo mattone, si è costruito nella sua mente. Dentro è più vivo che mai, ma da fuori sembra spento, lontano da tutto. Nel giardino, dei bambini stanno giocando. Anche lui è stato bambino, ma la sua infanzia è un brutto ricordo. Avrebbe voluto crescere con il suo papà. Che era morto in guerra, ma nessuno gliel’aveva detto. Quando aveva scoperto la verità, la rabbia e la tristezza si erano mescolate. E aveva cominciato a costruire un muro che lo isolasse dall’ipocrisia. Dall’ansia della sua mamma. Dall’indifferenza dei suoi insegnanti, interessati solo a non perdere il proprio status e a punire chi non si comportava come volevano. Ma lui aveva dentro di sé un vulcano che non smetteva mai di eruttare la sua lava. Avrebbe voluto che i suoi compagni si alleassero per cambiare le cose, per far capire a quegli adulti autoritari che avevano bisogno di altro per diventare grandi. Gli era sembrato di uscire dal tunnel quando aveva incontrato lei, la donna che aveva sposato. Ma anche lei l’aveva tradito, e lui aveva costruito l’ultimo pezzo di muro. Aveva finto di impazzire. Solo stando al riparo dietro quel muro immaginario poteva continuare a osservare il mondo, proprio come adesso, seduto su questa sedia da cui guarda i bambini giocare, al di là del vetro.

ANOTHER BRICK IN THE WALL

PINK FLOYD

Autore: Roger Waters

Etichetta: Harvest Records/Columbia Records

Album: *The Wall*

Anno: 1979

OLTRE LA CANZONE

Another Brick in the Wall è tratta da uno degli album di maggiore successo dei Pink Floyd. Il doppio album racconta la storia di un uomo la cui vita è connotata da una serie di traumi che lo portano a isolarsi costruendo un muro mentale. L'idea di questa narrazione è radicata nella storia del gruppo e nelle vulnerabilità psicologiche del bassista Roger Waters, che durante un concerto si irritò a tal punto per il comportamento di alcuni spettatori da andare a litigare con loro. L'intera band si sentiva a disagio di fronte a pubblici così numerosi, ma Roger Waters fu quello che reagì nel modo più estremo. Questa insofferenza nelle relazioni con gli altri e la fatica di trovare una sintonia con le persone che gli stavano intorno divennero uno degli spunti fondamentali che lo portarono a comporre i brani per il progetto *The Wall*.

We don't need no education,

Non abbiamo bisogno di istruzione,

we don't need no thought control,

non abbiamo bisogno di controllo sul pensiero,

no dark sarcasm in the classroom.

nessun sinistro sarcasmo in classe.

Teachers, leave the kids alone!

Insegnanti, lasciate in pace i ragazzi!

Hey, teacher, live us kids alone!

Ehi, maestro, lascia in pace noi ragazzi!

All in all it's just another brick in the wall.

Dopotutto è solo un altro mattone nel muro.

IL MESSAGGIO IN BOTTIGLIA

TRAUMA

Il trauma turba il nostro funzionamento mentale e per superarlo occorre chiedere aiuto, in modo da non trasformarlo in una prigione da cui non possiamo più uscire.

SEMPLICEMENTE ESSERI UMANI

In una piazza, un uomo sta tenendo una sorta di comizio. Il suo discorso colpisce l'attenzione dei passanti, che si fermano ad ascoltarlo. «Sono stato assegnato a un plotone che dovrebbe partire per la guerra il prossimo mese. Dovrei indossare una divisa e andare in una terra che non conosco per sparare a gente che non ho mai visto. Mi dicono di chiamarli "nemici", ma per me sono semplicemente esseri umani. Come posso puntare un fucile contro un uomo e spararagli, solo perché la mia nazione mi ha detto di farlo? Come posso dormire dopo aver tolto la vita a un uomo che magari ha una compagna e dei figli che lo aspettano? Perché si investe così tanto sulla guerra e così poco sulla pace? Non so dirvi qual è la risposta, ma ci deve essere. Sento che qualcuno deve raccontarla al mondo, urlarla ogni volta che un uomo è costretto a imbracciare un fucile e fare fuoco. Io non partirò. Voi mi chiamerete disertore, ma io mi definisco "pacifista". Voglio essere un costruttore di pace, non un propagatore di morte».
Alla fine, sono in molti ad avere le lacrime agli occhi. A sentirsi chiamati in causa dalle sue domande, che riguardano tutti. Qualcuno però grida: «Traditore, non sei degno della tua nazione!». Hanno chiamato le guardie. Un'auto si avvicina. Ne scendono due agenti in divisa. Si accostano al ragazzo, che alza le mani in segno di resa. Lo portano via.

Yes, 'n' how many times can a man turn his head

E quante volte un uomo può voltare la testa

pretending he just doesn't see?

e fingere di non vedere?

The answer, my friend, is blowin' in the wind.

La risposta, amico mio, soffia nel vento.

The answer is blowin' in the wind.

La risposta soffia nel vento.

IL MESSAGGIO IN BOTTIGLIA

DOMANDE

Solo chi si pone costantemente delle domande può andare alla ricerca di risposte che possono aiutare a costruire un mondo migliore.

BLOWIN' IN THE WIND

BOB DYLAN

Autore: Robert Allen Zimmerman
Etichetta: Columbia Records
Album: *The Freewheelin' Bob Dylan*
Anno: 1963

OLTRE LA CANZONE

Blowin' in the Wind è un vero e proprio inno generazionale, cantato dai giovani di tutto il mondo contro ogni guerra e a sostegno della pace. La canzone è diventata il manifesto dei giovani americani che non condividevano la scelta della loro nazione di combattere la guerra in Vietnam. Bob Dylan è stato definito un "menestrello" del rock per la sua capacità di cantare ballate e brani di grande immediatezza che, sin dal primo ascolto, sanno toccare la mente e il cuore di tutti. Per la sua capacità creativa e letteraria e per l'impatto che ciò che ha scritto e cantato ha avuto su più generazioni nei cinque continenti, Bob Dylan è il primo musicista ad aver ricevuto il premio Nobel per la letteratura, nel 2016, all'età di settantacinque anni.

PARTIRE, E POI TORNARE

È mattina presto. Un uomo si è svegliato. La sua compagna sta dormendo. Si sono amati, poche ore fa. Poi lei, tenendolo per mano, si è addormentata. Lui, invece, non ha chiuso occhio. Ha pensato alla loro storia e ai sacrifici che lei deve affrontare per via del suo lavoro. Lui parte e poi ritorna. Lei è davvero l'amore della sua vita. La sua certezza. Adesso però deve andare. Ci sono sempre nuovi impegni, nuovi successi da raggiungere. Ha ripercorso nella mente tutte le partenze degli ultimi mesi: lui che sguscia fuori dal letto e va a farsi la barba, poi si veste in fretta. Prima di uscire, la bacia delicatamente sulla guancia. Lei si muove leggermente. Non si sveglia, ma quel bacio la raggiunge nella profondità dei suoi sogni. "Per quanto tempo andrà avanti così? Il nostro sarà sempre un amore che fa lo slalom tra le partenze e i ritorni". L'ha fatto infinite volte, ma stamattina c'è come una tenaglia a stringergli il cuore. Il taxi è già in strada che lo aspetta. La bacia piano, ma questa volta lei apre gli occhi. «Stringimi forte» le chiede lui. Lei si alza, lo abbraccia, lo bacia sul collo. «Sono qui che già ti aspetto. Torna presto». Lui scende le scale. È triste e felice allo stesso tempo. Qualcuno ha scritto una volta: "Partire è un po' morire". Questa mattina lui sa che in quella frase c'è una verità immensa. La sua verità di oggi.

LEAVING ON A JET PLANE

JOHN DENVER

Autore: Henry John Deutschendorf Jr.
Etichetta: Warner Music Group
Album: *Rhymes and Reasons*
Anno: 1969

OLTRE LA CANZONE

John Denver è considerato uno dei più grandi esponenti della musica country di tutti i tempi. Si tratta di un genere nato nel Sud rurale degli Stati Uniti, caratterizzato da ballate e brani ritmati dal suono di chitarre, banjo, violini. *Leaving on a Jet Plane* fu incisa per la prima volta nel 1966, ma raggiunse il successo soltanto anni dopo, quando gli Stati Uniti stavano vivendo il dramma della guerra in Vietnam. Molti credettero che la canzone si riferisse al dolore di un soldato costretto a lasciare la sua amata per recarsi in guerra, il che però non corrispondeva alle intenzioni dell'autore. La canzone è anche una sorta di drammatica premonizione rispetto alla fine di John Denver, che morì in un incidente aereo nel 1997. Grande appassionato di volo, si trovava al comando del proprio velivolo quando finì il carburante e precipitò.

So kiss me and smile for me,

Quindi baciami e sorridi per me,

tell me that you'll wait for me,

dimmi che mi aspetterai,

hold me like you'll never let me go,

stringimi come se non volessi lasciarmi andare,

I'm leaving on a jet plane

perché sto per prendere un jet

I don't know when I'll be back again.

e non so quando tornerò.

IL MESSAGGIO IN BOTTIGLIA

PARTIRE

Diventare adulti vuol dire anche imparare a trovare un equilibrio tra l'andare e il restare. Un equilibrio tra ciò che si dovrebbe fare e ciò che si vorrebbe fare.

UN CUORE CHE RISORGE

Lui. Lei. Un grande amore. Fatto di tutti quegli ingredienti che rendono l'Amore un sentimento da scrivere con la A maiuscola. Qualcosa di unico e speciale. Poi lui se ne va. Non c'è modo di proseguire a distanza quell'amore che sembrava intoccabile. Non doveva succedere, ma è accaduto: non possono più stare insieme. All'inizio, provano solo strazio. Fatica. Dolore. Perché il loro non è un amore finito, ma un amore interrotto. Qualcosa che c'era e c'è ancora. Ma che non può andare avanti. A volte la vita ti toglie l'unica cosa da cui non vorresti separarti mai. Per loro è stato così. Ma nessuno dei due è rimasto vittima del suo dolore. C'è voluto tempo, ma entrambi si sono rialzati. Hanno saputo sollevare di nuovo lo sguardo e rimettere in cammino la propria esistenza. La propria voglia di vivere ancora l'amore. Un amore vero. Certo, sono consapevoli che tutto ciò che hanno imparato su questo sentimento lo hanno scoperto quando le loro storie si sono intrecciate, unite e poi separate così bruscamente. E nulla di ciò che è stato potrà mai essere distrutto. C'è un filo invisibile che li terrà legati per sempre. C'è qualcosa che ci accade dentro e che ci rivoluziona quando un vero amore tocca la nostra vita. Il loro era un amore vero. Completamente vero. Interrotto, ma vero.

You're here, there's nothing I fear,

Sei qui, nulla mi fa paura,

and I know that my heart will go on.

e so che il mio cuore andrà avanti.

We'll stay forever this way,

Resteremo per sempre così,

you are safe in my heart

sei al sicuro nel mio cuore

and my heart will go on and on.

e il mio cuore andrà sempre avanti.

IL MESSAGGIO IN BOTTIGLIA

AMORI INTERROTTI

A volte gli amori si interrompono per ragioni che vanno oltre la volontà degli amanti: generano dolore e sofferenza, ma poi ci accorgiamo che hanno seminato bellezza dentro di noi.

MY HEART WILL GO ON

CÉLINE DION

Autori: James Horner, Will Jennings
Etichetta: Columbia Records/Epic Records
Album: *Let's Talk About Love*
Anno: 1997

OLTRE LA CANZONE

Questa canzone è stata scritta per la colonna sonora di *Titanic*, un blockbuster che ha fatto battere il cuore a milioni di adolescenti. È una delle canzoni di maggior successo nella carriera multiplatino di Céline Dion. Molti hanno storto il naso di fronte al successo planetario di *My Heart Will Go On*, che tra l'altro è stata inserita al settimo posto nella classifica delle canzoni più brutte di tutti i tempi. La stessa Céline Dion all'inizio non voleva interpretarla, e ha rivelato di non esserne rimasta conquistata quando gliel'hanno proposta. E invece nel 1998 ha vinto l'Oscar come miglior canzone e il Golden Globe come miglior canzone originale e ha dominato all'edizione dei Grammy Awards del 1999, vincendo il titolo di disco dell'anno, miglior performance pop femminile e miglior canzone scritta per un film. Non male per un brano che all'inizio sembrava non piacere a nessuno!

IL CORAGGIO DI ESSERE SE STESSI

Cammina a testa bassa. La città intorno a lui gli sembra un cannibale che lo divora pezzo per pezzo. Ultimo anno delle superiori: tutta la vita davanti. E non sapere come affrontarla. Mesi a farsi domande, a chiedersi come dire la sua verità al resto del mondo. "Io sono questo e nessuno potrà cambiarmi. Perché sono così". Ciò che gli altri chiamavano diversità per lui era semplicemente normalità. «Che cos'è la norma?» aveva chiesto alla professoressa di matematica. «Una definizione statistica» aveva risposto lei. «Un modo per indicare qualcosa che appartiene alla maggioranza. Ma è un criterio quantitativo. La norma non concerne la qualità. Essere "nella norma" non significa per forza essere "nel giusto"». Quelle parole gli erano entrate dentro. Poi, un giorno, lei lo aveva fermato nel corridoio. «Credo di aver capito perché mi hai fatto quella domanda e di aver compreso il tuo segreto. È come se io avessi visto davvero, per la prima volta, i tuoi veri colori, chi sei tu. E sappi che sei una persona bellissima. Ma se hai bisogno di aiuto, vieni da me». E adesso lui sa che lo farà: parlerà con la professoressa. Ma mentre si avvicina alla scuola, si rende conto di avere ancora molta paura. "È come se io avessi visto davvero, per la prima volta, i tuoi veri colori". Ripensa a quella frase. Improvvisamente si sente tranquillo. Oggi le parlerà.

TRUE COLORS

CYNDI LAUPER

Autori: Tom Kelly, Billy Steinberg
Etichetta: Epic Records
Album: *True Colors*
Anno: 1986

OLTRE LA CANZONE

Billy Steinberg, uno degli autori di questa canzone, cominciò a scriverla pensando a sua madre. Poi Tom Kelly gli fece notare che quel testo poteva parlare a tutti, perché raccontava la difficoltà di essere davvero "visti" dagli altri, compresi nel profondo. *True Colors* avrebbe potuto essere un dialogo tra un genitore e suo figlio, oppure tra due amici, e poteva assumere una valenza universale. Perciò il testo originale venne modificato e la canzone acquisì quel tono intenso e poetico che conosciamo, divenendo un inno per la valorizzazione, l'accoglienza e la celebrazione della diversità, tanto da diventare uno dei pezzi più utilizzati dalla comunità omosessuale per superare gli stereotipi di genere di cui è fatta oggetto.

I see your true colors

Vedo i tuoi veri colori

and that's why I love you

ed è per questo che ti amo,

so don't be afraid to let them show

perciò non temere di mostrarli,

your true colors.

i tuoi veri colori.

True colors are beautiful,

I veri colori sono bellissimi

like a rainbow.

come un arcobaleno.

IL MESSAGGIO IN BOTTIGLIA

DIVERSITÀ

La nostra diversità è la nostra verità: è ciò che ci rende unici e speciali. Non dobbiamo negarla, dobbiamo celebrarla.

UN UOMO IN CITTÀ

Un uomo cammina in una grande città. Grattacieli, luci, strade. Gente che lo sfiora. Potrebbe sentirsi solo e disperso. Ma respira un'aria di incredibile libertà. Si è lasciato tutto alle spalle, quando è partito. E ora tutto è davanti a lui. Si sente piccolo, ma anche potente. Qui nessuno lo conosce. Può fare quello che vuole. Così, gli occhi di quella ragazza sembrano stregarlo, agganciarlo. Sono gli occhi di una donna, oppure quelli di questa città tentacolare, che lo attrae con le sue luci infinite. Lui cammina e si sente forte. Vorrebbe abbracciare il mondo, i grattacieli. È una notte da leoni, quella che sta vivendo. Al mattino si sveglia e gli sembra che ci sia qualcuno al suo fianco. Non ricorda nulla di come sono andate le cose la sera prima. Con chi sta dividendo la sua stanza? È la donna dagli occhi magnetici. O è la sensazione di aver portato con sé, nella sua stanza, l'energia dell'intera città che lo avvolgeva nella lunga camminata della notte precedente, fino ad attraversarlo ed entrargli dentro? Non sa dare una risposta. E mentre ancora ci riflette, chi gli dormiva accanto già non c'è più. C'è solo lui adesso. Lui, nella stanza. Fuori quella città pazzesca, che ora però, alla luce del giorno, non ha più le stesse sembianze che le regalavano le luci della notte. È tempo di uscire. Buttarsi nella vita. Anche oggi sarà una dura giornata di lavoro.

Get me out into the nighttime,

Portami fuori di notte,

four walls won't hold me tonight.

quattro mura non riusciranno a trattenermi stanotte.

If this town is just an apple

Se questa città è solo una mela,

Then let me take a bite.

allora lascia che la morda.

IL MESSAGGIO IN BOTTIGLIA

CONFUSIONE

A volte, l'enorme libertà di cui godiamo invece di renderci felici ci confonde. Non sempre è facile fare la scelta giusta, quando possiamo fare tutto quello che vogliamo.

HUMAN NATURE

MICHAEL JACKSON

Autori: John Bettis, Steve Porcaro

Etichetta: Epic Records

Album: *Thriller*

Anno: 1982

OLTRE LA CANZONE

Steve Porcaro, membro della storica band dei Toto, scrisse questa canzone per sua figlia, che un giorno, intorno ai sei anni, tornò a casa da scuola davvero arrabbiata. C'era stato un litigio con un compagno di classe, di cui lei non trovava il senso. E al colmo della rabbia e della tristezza la piccola chiese al padre come mai fosse così difficile andare d'accordo tra bambini e bambine. Fu questa suggestione che portò alla scrittura della prima versione del brano, in cui il concetto di "human nature" si riferiva all'ineluttabilità del conflitto tra gli esseri umani. Quando il brano arrivò a Michael Jackson, il testo fu riscritto e il concetto di "human nature" fu associato al senso di libertà infinita che un uomo sperimenta muovendosi in una grande città, dove tutto sembra corrergli incontro e le opportunità appaiono innumerevoli.

TRAPPOLA D'AMORE

Un uomo e una donna parlano animatamente. I toni si alzano. Poi lui si siede. Sta piangendo. È dolore quello che si legge nei suoi occhi. Lei intanto continua a urlare. Lui si sente impotente. La loro bellissima storia d'amore è diventata una trappola. Sta morendo soffocata da continui sospetti. Domande su domande, e lui non ne può più. «Chi era la persona che ti ha chiamato? Perché hai abbassato la voce, quando mi sono avvicinata? Come mai hai salutato quella donna lunga la strada?». Domande che non hanno senso. Lui la ama con tutto se stesso. Ma adesso gli sembra che quell'amore in cui si è gettato a capofitto si stia trasformando in una prigione. Si sente come un carcerato, e le continue domande, i sospetti, le interferenze che lei ogni giorno riversa nella sua vita sono diventati le sbarre di una gabbia che lo fa impazzire. Perché è successo tutto questo? Perché lei non si fida di lui? L'unica certezza che ha è che lui la ama, al di sopra di ogni cosa. Ma lei non ci crede. E la sua gelosia sta distruggendo tutto.

SUSPICIOUS MINDS

ELVIS PRESLEY

Autore: Francis Rodney Zambon

Etichetta: RCA Records

Album: *Suspicious Minds*

Anno: 1969

OLTRE LA CANZONE

Suspicious Minds è una canzone modernissima e senza tempo, tanto che ne sono state fatte numerose cover di grande successo. È stata la diciottesima canzone di Elvis Presley a raggiungere il primo posto nella hit parade statunitense, ma purtroppo anche l'ultima che il cantante riuscì a vedere al numero uno delle classifiche. Elvis morì nel 1977 e nessuno dei brani che cantò dopo *Suspicious Minds* andò così bene, anche a causa dei suoi problemi di alcolismo e della sua salute sempre più precaria. Questo brano, che racconta una storia in cui tantissime persone si possono immedesimare, è diventato una hit senza tempo, annoverata da «Billboard» tra le 500 canzoni più belle di tutti i tempi. Anche Luciano Ligabue ne ha cantato una sua versione in italiano, intitolata *Ultimo tango a Memphis* e inclusa nell'album *Su e giù da un palco*.

We can't go on together

Non possiamo andare avanti insieme

with suspicious minds

se viviamo nel sospetto

and we can't build our dreams

e non possiamo realizzare i nostri sogni

on suspicious minds.

se viviamo nel sospetto.

IL MESSAGGIO IN BOTTIGLIA

GELOSIA

Se le tue storie d'amore finiscono sempre a causa della gelosia, forse devi cominciare a guardare dentro di te e cercare di capire perché non riesci a fidarti degli altri.

UN MONDO NUOVO

La loro insegnante non gli aveva mai fatto fare un esercizio di immaginazione guidata. Ma le notizie e le immagini della sera prima, che avevano sconvolto i palinsesti dei media mondiali, erano ancora lì, nel profondo del loro cuore. Quella mattina non si poteva fare lezione nel solito modo. Così li aveva portati in palestra. Li aveva fatti sdraiare su un tappetino.
E aveva messo una musica lenta e tranquilla in sottofondo. Poi aveva cominciato a parlare.
«Chiudete gli occhi e immaginate di essere in una grande città. C'è molta gente. Tutti sorridono. Non sapete dove vi trovate, perché la gente parla tutte le lingue del mondo. E magicamente tutti si comprendono. Le persone sorridono e si abbracciano anche se non si conoscono. I giornali riportano solo buone notizie. Non ci sono furti, omicidi, guerre. Tutti vivono in pace. Ognuno mette a disposizione degli altri quello che sa fare. Non ci sono ricchi né poveri, perché ognuno può avere quello che gli serve. Sì, lo so che è un mondo impossibile. Che esiste solo nella mente di noi sognatori. Ma non sarebbe bellissimo se ciascuno di noi provasse a costruirlo? A dare il proprio contributo affinché non sia solo fantasia? Affinché diventi realtà?».
I ragazzi sentono che non c'è più tensione in loro. La mente è sgombra da ansie e preoccupazioni. Il mondo raccontato dal telegiornale ora sembra solo un ricordo lontano.

You, you may say I'm a dreamer,

Potresti dire che sono un sognatore,

but I'm not the only one.

ma non sono l'unico.

I hope someday you'll join us

Spero che ti unirai a noi un giorno

and the world will be as one.

e il mondo sarà soltanto uno.

IL MESSAGGIO IN BOTTIGLIA

IMPEGNO

Costruire un mondo migliore è possibile. Ma per riuscirci bisogna impegnarsi, in modo da trasformare un sogno individuale in una realtà collettiva.

IMAGINE

JOHN LENNON

Autore: John Lennon

Etichetta: Apple Records

Album: *Imagine*

Anno: 1971

OLTRE LA CANZONE

Questo brano è al terzo posto della classifica «Rolling Stone» delle canzoni più belle di sempre. L'ex presidente statunitense Jimmy Carter ha affermato che in molti Paesi *Imagine* riceve il rispetto e l'attenzione che vengono solitamente riservati agli inni nazionali. Da molti considerata un inno al pacifismo, *Imagine* fu invece spiegata dal suo autore come un brano che auspicava l'affermazione di una società laica, libera dagli effetti negativi prodotti dal materialismo, dall'utilitarismo e dall'edonismo. Yoko Ono, dalla quale Lennon è stato profondamente ispirato per questo brano, ha sintetizzato così il messaggio di *Imagine*: «Siamo tutti un solo mondo, un solo Paese, un solo popolo». Nel 1980, poco tempo prima del suo assassinio, Lennon affermò: «Prima di tutto bisogna pensare a volare, poi si vola. Concepire l'idea è la prima mossa».

IL FUOCO DELLA LIBERTÀ

Due uomini, ormai anziani, stanno parlando seduti davanti al fuoco. La luce e il calore delle fiamme ne incendiano il viso. Ma c'è molta animazione anche nelle loro parole, nei loro discorsi. Stanno ricordando la notte in cui la rivoluzione per la quale si erano arruolati come combattenti per la libertà li aveva quasi colti di sorpresa. I rumori dei cannoni e degli spari si facevano sempre più vicini. La paura si mescolava con l'adrenalina. Momenti indimenticabili: combatti per la libertà, ma nel farlo potresti perdere tutto. Anche la vita. Invece per loro, alla fine, tutto si era concluso per il meglio. La rivoluzione aveva dato l'esito sperato. Il regime era caduto e loro erano tornati alle loro vite. Da uomini liberi. Non avevano più dovuto imbracciare un'arma, negli anni a seguire. Era stato terribile, quello che era successo quella notte. Terribile, ma necessario. I loro capelli sono grigi. Ma la loro memoria è giovanissima. E quei ricordi sono rimasti indelebili.

FERNANDO

ABBA

Autori: Göran Andersson, Stig Andersson, Björn Ulvaeus

Etichetta: Polar Music/Epic Records/Atlantic Records

Album: Singolo

Anno: 1976

OLTRE LA CANZONE

Di questa canzone esistono tre versioni: una in svedese, una in spagnolo e una in inglese. Se la versione svedese è incentrata su una storia d'amore, il brano in inglese, che poi ha fatto il giro del mondo, sembra legato a un evento storico. I riferimenti al Rio Grande fanno pensare che la storia sia ambientata durante la rivoluzione messicana, alcuni invece ipotizzano che Fernando fosse un militante della Brigata Internazionale nella guerra civile spagnola. *Fernando* ha venduto più di 10 milioni di copie, diventando uno dei singoli di maggior successo di tutti i tempi. Aver inserito un tema politico in una canzone è una rarità per gli Abba, famosi per l'allegria con cui affrontano i temi della vita e dell'amore. Pur essendosi sciolti negli anni Ottanta, il loro mito è sopravvissuto fino a oggi, grazie anche al successo dei film basati sul repertorio del quartetto svedese.

There was something in the air that night.

C'era qualcosa nell'aria quella notte.

The stars were bright, Fernando,

Le stelle brillavano, Fernando,

they were shining there for you and me.

splendevano là per te e per me.

For liberty, Fernando.

Per la libertà, Fernando.

IL MESSAGGIO IN BOTTIGLIA

LIBERTÀ

Ci sono persone che hanno combattuto per la libertà anche a costo della vita. Non c'è nulla di più prezioso per gli esseri umani, nulla è più importante della libertà.

LA FRAGILITÀ DEI SOGNI

Il trasloco è quasi finito. Sta staccando dalla parete della sua stanza le foto che l'hanno accompagnato durante l'adolescenza. Sono rimaste lì per molto tempo. Prende tra le mani la sua immagine. Quanto l'ha sognata. Quanto ha fantasticato di poterla incontrare. Lei, la divina. Lei, l'irraggiungibile. La vedeva nella cornice degli schermi tv e sembrava incarnare la felicità assoluta. La perfezione senza strappi, senza sbavature. E invece. Ricorda ancora il giorno in cui al telegiornale annunciarono che se ne era andata per sempre. Aveva pianto. Suo padre aveva riso delle sue lacrime. Non aveva capito nulla. Poi, nei giorni seguenti, era emersa la verità. La fama e il successo che l'avevano resa divina agli occhi di tutti, avevano generato in lei un male di vivere incontenibile. Non sapeva più chi era veramente. Era il personaggio che tutti adoravano oppure la donna che alla sera si sdraiava in una stanza d'albergo? Nessuno la amava veramente. Tutti veneravano la sua immagine. Ma il suo cuore ferito non volevano vederlo.

Lui non vuole separarsi da quell'immagine. Da quella storia. Dai suoi ricordi. Porterà la fotografia nella nuova casa. La terrà lì a testimonianza dei suoi sogni di adolescente. E anche della fragilità di quei sogni. Non solo i suoi, quelli di tutti. Anche quelli di una persona che tutti chiamavano "la divina".

And it seems to me you lived your life

E mi sembra che tu abbia vissuto la tua vita

like a candle in the wind,

come una candela nel vento,

never knowing who to cling to when the rain set in,

senza sapere a chi aggrapparti quando cominciava a piovere,

and I would have liked to have known you but I was just a kid.

e mi sarebbe piaciuto averti conosciuta ma ero solo un ragazzino.

Your candle burned out long before, your legend ever did.

La tua candela si è spenta molto tempo fa, la tua leggenda non morirà mai.

IL MESSAGGIO IN BOTTIGLIA

FRAGILITÀ

Tutti rincorrono il successo confondendolo con il concetto stesso di felicità, ma essere sempre esposti agli sguardi e ai commenti degli altri può essere fonte di enorme stress emotivo.

CANDLE IN THE WIND

ELTON JOHN

Autori: Elton John, Bernie Taupin
Etichetta: DJM Records/MCA Records
Album: *Goodbye Yellow Brick Road*
Anno: 1973

OLTRE LA CANZONE

Esistono due versioni di questa canzone. Nella prima, del 1973, Elton John creò l'immagine della "candela nel vento" per Marilyn Monroe, attrice dalla bellezza esplosiva e dalla popolarità globale, eppure così fragile. L'artista cantava *Goodbye Norma Jean*, riferendosi al vero nome di Marilyn. Ma il brano ebbe una seconda vita quando Elton John decise di riproporlo in occasione del funerale di Lady Diana Spencer, moglie del principe Carlo, che nel 1997 rimase vittima di un incidente mortale a Parigi durante una folle corsa in auto con cui il suo autista cercava di salvarla dall'assedio dei paparazzi. Quando Elton John la eseguì al funerale, modificò la canzone in alcune parti. Il primo verso diventò: *Goodbye England's rose, may you ever grow in our hearts*. La nuova versione ebbe un successo straordinario, raggiungendo il primo posto nelle classifiche di tutti i continenti.

UN NUOVO INIZIO

Oggi firmeranno i documenti per convolare a nozze. Per lei è la prima volta. Per lui la seconda. E la prima gli aveva lasciato nel cuore cicatrici così profonde che mai avrebbe pensato di fare un "secondo giro" sulla ruota dell'amore. Ma con lei era stato tutto diverso. Quando l'aveva conosciuta aveva subito compreso che non avrebbe mai potuto infliggergli una seconda pugnalata. L'altra volta era stato terribile. Lui era via per lavoro e al telefono la moglie non faceva che ripetergli quanto le mancava. Così aveva deciso di farle una sorpresa. Era tornato a casa un giorno prima. Ma era stato lui a subire la peggiore delle sorprese: li aveva trovati stretti in un abbraccio che non lasciava adito ad alcun dubbio. Sua moglie e il suo migliore amico. L'aveva raccontato anche a lei, la sera in cui si erano incontrati. Singhiozzava come un bambino e lei, invece di spaventarsi, lo aveva tenuto stretto a sé. C'era voluta quasi un'ora perché si calmasse. Poi le aveva chiesto: «Come faccio a fidarmi ancora dell'amore? A credere a chi mi dice "ti amerò per sempre"?». Lei aveva detto: «Io sono onesta. Se dico che amo, amo. E lo so fare davvero. Per sempre». "Onesta": era questa la parola che aveva usato. Una parola che da tempo era scomparsa dal suo vocabolario, dalla sua vita. Ma lei glielo aveva promesso. Ecco perché, oggi, comincia il secondo tempo della sua vita.

HONESTY

BILLY JOEL

Autore: William Martin

Etichetta: Columbia Records

Album: *52nd Street*

Anno: 1978

OLTRE LA CANZONE

Honesty ha riscosso un'enorme popolarità a tutte le latitudini del mondo, anche se non ha mai fatto un vero "botto" nelle classifiche. Le nazioni che forse l'hanno apprezzata di più sono state il Giappone e la Corea del Sud. Qui, nell'ottobre 2009, Beyoncé l'ha eseguita durante la tappa di Seoul all'Olympic Gymnastics Arena, trasformandola in una grandissima hit che è arrivata al secondo posto della classifica nazionale, divenendo il nono singolo più venduto del 2010 in Corea del Sud, con più di 800.000 download digitali. Billy Joel ha sempre scherzato su questa canzone, dicendo che la musica è nata prima del testo e che la parola "honesty" e l'intero concetto della canzone hanno avuto bisogno di diverse riscritture prima di diventare il tema del brano.

I can always find someone

Posso sempre trovare qualcuno

to say they sympathize

che mi mostri comprensione

if I wear my heart out on my sleeve,

se rivelo i miei sentimenti,

but I don't want some pretty face

ma non voglio visi compiacenti

to tell me pretty lies.

che mi dicano graziose bugie.

All I want is someone to believe.

Tutto ciò che voglio è qualcuno in cui credere.

IL MESSAGGIO IN BOTTIGLIA

ONESTÀ

È più difficile trovare la sincerità e l'onestà che l'amore. Ecco perché è importante impegnarsi per fare dell'onestà il proprio "stile di vita".

IL PESO DEL SUCCESSO

Ziggy è sul palco. Non si rende conto di quanto è cambiato. Il successo gli ha dato alla testa. All'inizio si compiaceva della sua popolarità. Le ragazze lo acclamavano, urlavano il suo nome, si strappavano i capelli per lui. Ma dopo un po' il peso del successo lo ha distrutto. Noi, la sua band, all'inizio eravamo felici di come andavano le cose. Era un vantaggio anche per noi. La gente lo adorava, ma lui non ci sarebbe mai stato senza di noi. E quindi godevamo di riflesso di tutto quel caos positivo che gli si muoveva intorno. Poi però sono arrivate le droghe. E lui ha perso il contatto con la realtà. E anche con noi. Ha cominciato a sentirsi superiore. Sembrava innamorato di se stesso. Quasi non gli interessava più nemmeno il suo pubblico, era solo una sorta di specchio in cui si rifletteva per amplificare la sua immagine. E così quel pubblico un giorno gli si è rivoltato contro. Era troppa la distanza che aveva messo tra sé e tutto il resto. E come un cannibale, il successo l'ha distrutto e poi ingoiato. E di Ziggy non è rimasto più nulla. Anche noi non ci siamo più. Restano i ricordi. Quel passaggio che la celebrità ha fatto nella nostra vita, dandoci l'illusione che sarebbe durata per sempre. E invece ora è solo polvere di stelle, granelli di sabbia, gocce di memoria. Niente di più. Ziggy è stato distrutto proprio da ciò che aveva rincorso per tutta la vita.

Making love with his ego Ziggy sucked up into his mind

Facendo l'amore con il suo ego, Ziggy fu risucchiato nella sua mente

like a leper messiah.

come un messia lebbroso.

When the kids had killed the man

Quando i ragazzi l'hanno ucciso

I had to break up the band.

ho dovuto sciogliere il gruppo.

IL MESSAGGIO IN BOTTIGLIA

SUCCESSO

Non cercare il successo fine a se stesso. Se lo raggiungi, fanne qualcosa di positivo, non trasformarlo nel cannibale della tua felicità.

ZIGGY STARDUST

DAVID BOWIE

Autore: David Robert Jones
Etichetta: RCA Records
Album: *The Rise and the Fall of Ziggy Stardust and the Spiders from Mars*
Anno: 1972

OLTRE LA CANZONE

Questa canzone è diventata una sorta di manifesto di David Bowie e della sua incredibile carriera. L'album dedicato a Ziggy Stardust, da cui è tratto il brano, contiene mille differenti sfaccettature, tutte in qualche modo correlate al celebre Duca Bianco, come è stato soprannominato Bowie. Ziggy è stato interpretato da molti come l'alter ego dell'artista: quel personaggio originalissimo, vestito in modo eccentrico, con un trucco clownesco, assembla in sé molte caratteristiche della rockstar, unite a suggestioni che Bowie stesso ha dichiarato di aver tratto dall'incontro con altri protagonisti della scena musicale dell'epoca: Mark Bolan e i suoi T. Rex sono stati forse l'ispirazione principale della storia di Ziggy, ma anche Lou Reed e Iggy Pop hanno lasciato tracce di sé nella parabola di Ziggy, archetipo della rockstar che arriva fino alle stelle per poi schiantarsi con violenza al suolo.

TUTTO ANDRÀ PER IL VERSO GIUSTO

Un uomo e una donna si incontrano dopo molto tempo. Lui è diventato una star musicale dal successo mondiale. Lei invece è rimasta a vivere nella terra dove sono nati. Il loro quartiere è sempre lì, con gli abitanti che tirano avanti con i propri problemi e le tante speranze, anche se spesso la politica e la povertà sembrano congiurare contro di loro. L'uomo adesso vive al sicuro, ha tante certezze, non solo economiche. Lei invece si sente molto vulnerabile a causa della precarietà della sua vita, in quel quartiere e in quelle condizioni. E quindi, quando cominciano a parlare, lei scoppia a piangere. Singhiozzando, riflette su tutti i sogni che hanno condiviso, in quella loro Giamaica così bella e così dimenticata da chi avrebbe dovuto averne cura. Nelle lacrime di lei, lui vede la fatica di una donna che tutti i giorni combatte per non lasciare la propria terra, per dare speranza e futuro non solo a se stessa ma anche a tutti quelli che verranno dopo di lei. Lui, che ormai ha raggiunto la popolarità, la guarda e le parla con un tale senso di sicurezza e tranquillità da persuaderla che anche lei e tutti gli altri possono farcela. Il successo del suo amico può accendere un riflettore sui loro bisogni e rinvigorire la speranza di tutti. Allora, lei si asciuga le lacrime e improvvisamente sorride. E quel sorriso, per lui, è come un raggio di sole.

NO WOMAN, NO CRY

BOB MARLEY

Autore: Robert Nesta Marley

Etichetta: Island Records

Album: *Netty Dread*

Anno: 1974

OLTRE LA CANZONE

Pur avendo scritto la canzone, Bob Marley non compare come autore del brano. L'autore ufficiale è Vincent Ford, un suo amico d'infanzia, proprietario di un locale di Trenchtown, il ghetto di Kingston, dove si ritrovavano i poveri del quartiere per ottenere ristoro. Si dice che lo stesso Bob Marley, prima di diventare una star, si recasse nel locale per un pasto caldo. La mensa era sull'orlo del fallimento, perciò Bob Marley intestò al suo amico i diritti d'autore di *No Woman, No Cry*: i proventi della canzone hanno assicurato che il locale restasse aperto. Bob Marley fece della sua musica uno strumento di protesta contro l'oppressione politica e razziale. Il suo messaggio fu sempre orientato a generare un'armonia di popoli e nazioni, in particolare spingendo perché le persone di colore si unissero per affermare il proprio bisogno di libertà e indipendenza.

My feet is my only carriage

I miei piedi sono il mio solo mezzo di trasporto

and so I've got to push on through.

e quindi devo andare avanti.

Oh, while I'm gone

Oh, ma in mia assenza

everything's gonna be all right!

tutto andrà per il verso giusto!

Everything's gonna be all right!

Tutto andrà per il verso giusto!

IL MESSAGGIO IN BOTTIGLIA

EMANCIPAZIONE

Riuscire a tirarsi fuori da una condizione svantaggiata non dipende solo da ciò che gli altri fanno per noi, ma è anche il risultato di ciò che facciamo per raggiungere questo obiettivo.

UNA DECISIONE DIFFICILE

È sera. In cucina, un'adolescente sta piangendo. Suo padre sta gridando. Parlano da più di un'ora, senza sosta. Lei sembra aver pianto tutte le lacrime del mondo. Lui sembra aver detto tutte le parole del mondo. Nulla li tiene insieme. Sembrano separati da un grande muro di cristallo. Il problema è davvero enorme. Lei ha cercato di spiegarglielo in tutti i modi possibili. Aspetta un bambino. Il suo ragazzo la ama, come mai nessuno ha fatto prima d'ora. E lei, dopo infiniti ripensamenti, dubbi e paure, ha deciso di far nascere quel bambino. Anche se tutti glielo sconsigliano. Anche se tutti le dicono che è pazza se pensa di riuscire a portare avanti da sola un'impresa che a parole potrebbe anche apparire facile, ma nei fatti va oltre ogni energia che lei proverà a mettere in gioco. Il papà continua a parlare. Lei continua a piangere. La vita in questo momento è difficilissima. Lei pensa al ragazzo che così candidamente le ha promesso amore eterno e vuole credere con tutta se stessa che le sue non siano solo parole. Lei lo ama. Davvero. Profondamente. E si sente amata e rispettata da lui.

Questo bambino nascerà dall'amore. "È il miglior modo per venire al mondo", pensa lei, mentre suo padre le grida: «Ti rendi conto che, per il bambino, questo è il peggior modo di venire al mondo?».

You always taught me right from wrong,

Mi hai sempre insegnato cosa è giusto e cosa è sbagliato,

I need your help daddy please be strong.

ho bisogno del tuo aiuto, papà, ti prego sii forte.

I may be young at heart but I know what I'm saying

Sarò anche giovane, ma so quel che dico.

IL MESSAGGIO IN BOTTIGLIA

SCELTE

A volte le scelte sono così complesse che nell'affrontarle ci sentiamo isolati e senza risorse. È fondamentale allora chiedere aiuto, ma senza lasciare che gli altri decidano al posto nostro.

PAPA DON'T PREACH

MADONNA

Autore: Brian Elliot
Etichetta: Sire Records
Album: *True Blue*
Anno: 1986

OLTRE LA CANZONE

Quando la canzone uscì, nel 1986, Madonna fu assalita dalle critiche. Gli Stati Uniti stavano attraversando l'emergenza di una vera e propria "epidemia" di *teen pregnancies*, gravidanze in età adolescenziale. Le agenzie governative e molte associazioni private stavano proponendo alle scuole dei progetti per diffondere il concetto di genitorialità responsabile e per la prevenzione delle gravidanze troppo precoci. La canzone di Madonna sembrò una provocazione e fu additata da molti come un incentivo per le ragazze a cacciarsi in situazioni delicate, a rischio di compromettere il proprio percorso di crescita. Madonna fu criticata dai movimenti femministi e abortisti ed elogiata dalle associazioni antiabortiste, ma si è sempre rifiutata di prendere le parti dell'una o dell'altra fazione. Spesso, attraverso le sue canzoni, Madonna è riuscita a stimolare il dibattito pubblico statunitense.

ANDIAMO A BALLARE

«Ci sono momenti nella vita che sembrano più scuri della notte. Quando non c'è nemmeno una scintilla ad accendere il fuoco. Quando tutto sembra senza senso». L'uomo lo sta dicendo alla ragazza. Il volto di lui è scavato. Non si capisce se è il tempo ad averlo segnato. O la noia. O la tristezza. Ma mentre le parla, un lampo di luce sembra illuminarlo. C'è un'energia nascosta pronta a riattivarsi. C'è un locale dove potrebbero andare a ballare fino al mattino. È una sorta di appuntamento al buio: non lo conosce bene, ma stasera anche lei ha voglia di ballare. Trasformeranno quell'appuntamento in una lunga danza. Lui cerca una scintilla? Allora lei potrà essere il suo fuoco. Vederlo così triste la riempie di compassione. E mentre lei sente quasi di volergli già bene, lui capisce che non vuole essere compatito. Lui sa chi è. È andato in "black out emotivo" da un po', ma può farcela a venirne fuori. Le chiede di aspettarlo. Torna a casa. Si fa una doccia. Indossa una camicia bianca, la più bella che ha. Si pettina con cura e si spruzza un po' di profumo. Si guarda allo specchio. "Sono io?" si domanda. Da mesi non si preparava con tanta cura. Esce di casa. E se lei se ne è andata? Se non è più lì ad aspettarlo? Sale sull'auto, con il cuore a mille. Gli sembra un secolo che non sentiva più il suo cuore battere. Accelera. Poi, là in fondo alla strada, la vede. Lo sta aspettando.

DANCING IN THE DARK

BRUCE SPRINGSTEEN

Autore: Bruce Springsteen
Etichetta: Columbia Records
Album: *Born in the U.S.A.*
Anno: 1984

OLTRE LA CANZONE

Questa canzone segna una svolta nella carriera di Bruce Springsteen. Aveva già pubblicato sei album di rara bellezza, ma non aveva mai realizzato una grande hit commerciale. Per questo il suo manager, Jon Landau, un giorno lo esortò a scrivere un pezzo che scalasse le classifiche di tutto il mondo. Si dice che Springsteen fosse furibondo. Non gli apparteneva l'idea di "scrivere pezzi per avere successo". La sera stessa il Boss, come lo chiamano i suoi fan, tornò a casa e in una notte scrisse il suo più grande successo commerciale di tutti i tempi: *Dancing in the Dark*, appunto. La canzone, che racconta la fatica di un uomo attanagliato dal male di vivere, può metaforicamente rappresentare la fatica dell'artista che si sente vuoto e impotente di fronte alle richieste di un mercato che non si aspetta da lui belle canzoni, bensì canzoni "di successo".

You can't start a fire sitting 'round crying

Non puoi accendere un fuoco se passi il tempo a piangere

over a broken heart.

sopra un cuore infranto.

This gun's for hire

Questa pistola è in affitto

even if we're just dancing in the dark.

anche se stiamo danzando nell'oscurità.

You can't start a fire worrying

Non puoi accendere un fuoco se ti preoccupi

about your little world falling apart.

del tuo piccolo mondo che se ne va a rotoli.

IL MESSAGGIO IN BOTTIGLIA

MAI ARRENDERSI

Quando la depressione diventa una gabbia che ti tarpa le ali, non smettere di credere in te stesso. Se non ce la fai da solo, trova qualcuno che ti convinca a provarci ancora una volta.

UN VUOTO DI PIOMBO

Sdraiato sul letto, l'uomo sente tutta la sua solitudine piombargli addosso. E il dolore gli pare insostenibile. Quando finisce un amore in cui hai creduto e investito così tanto, il vuoto che riempie la tua stanza diventa di piombo. E la vita sembra una tragedia, di cui vorresti cambiare il finale anche se sai che non è possibile. Non fai che piangere e augurarti di affogare dentro le tue lacrime, perché pare impossibile venirne fuori.

L'uomo guarda le lancette dell'orologio che si muovono lentissime. Il tempo pare non passare mai e il dolore è una tenaglia che gli stringe il cuore. Intensamente e senza tregua. Non avrebbe voluto che quell'amore finisse. Ma sembrava che ogni sentimento fosse evaporato e che non fosse rimasto più nulla a dare senso al loro stare insieme. Ma adesso, se potesse tornare indietro, si terrebbe tutto, anche quel senso di vuoto e confusione, pur di non sperimentare questo dolore che lo strazia senza tregua. Immagina le sue braccia che lo stringono forte. Ma è solo una fantasia. Tutto il resto è tragedia. Questa solitudine è tragedia. Questa mattina che arriva, senza nessuno che si sveglia al suo fianco, è tragedia. La luce del sole penetra dalla finestra. Tutto riparte. L'uomo si mette davanti allo specchio. In lacrime si rade. Poi indossa la sua faccia d'ordinanza. E come tutte le mattine, va al lavoro. Nessuno sa della fine del suo amore.

Tragedy.

Tragedia.

When the feeling's gone and you can't go on, it's tragedy.

Quando non c'è più sentimento e tu non ce la fai ad andare avanti, è una tragedia.

When the morning cries and you don't know why,

Quando il mattino piange e tu non sai perché,

it's hard to bear.

è difficile da sopportare.

With no-one to love, you you're going nowhere.

Con nessuno che ti ama, non stai andando da nessuna parte.

IL MESSAGGIO IN BOTTIGLIA

TRAGEDIE

Ci sono eventi della vita che ci sembrano tragedie insormontabili. E che restano tali, se non proviamo a uscire dalla trappola della disperazione in cui ci tengono incatenati.

TRAGEDY

BEE GEES

Autori: Barry Gibb, Maurice Gibb, Robin Gibb

Etichetta: RSO Records

Album: *Spirits Having Flown*

Anno: 1979

OLTRE LA CANZONE

Questo brano fa parte dell'album *Spirits Having Flown*, un disco molto atteso perché seguiva la pubblicazione della colonna sonora di *Saturday Night Fever*, che arrivò al primo posto della classifica statunitense, dove rimase per 24 settimane e che si rivelò il disco più venduto dell'anno 1978 in molte altre nazioni, tra cui Italia, Canada, Regno Unito, Germania e Svezia. *Tragedy* fu un successo su scala mondiale e raggiunse la vetta delle classifiche di molti Paesi. Nel 1979, in un programma della NBC, Barry Gibb spiegò che l'esplosione che si sentiva durante la canzone non era altro che un'amplificazione del suono sordo che lui stesso aveva prodotto con le proprie mani e registrato, poi rielaborato e trasformato in fase di mixaggio.

IL GUERRIERO DENTRO L'ARMATURA

Dicembre. Fuori nevica e fa freddo. La gente si affretta verso casa. Ha voglia di ritornare al calore dei propri affetti, alla pace tranquilla della propria abitazione. Lui invece oggi non è uscito di casa. Guarda il mondo dalla finestra. Vede tutte quelle persone che si affannano e le compatisce. Da tempo ha ridotto al minimo ogni contatto sociale. Vive guardando il mondo attraverso il vetro. E quando vuole qualche stimolo eccezionale, si rifugia nel mondo online. Un tempo non era così. Un tempo aveva amato profondamente. Aveva sperimentato una profonda gioia del cuore. Aveva creduto in lei, aveva dato tutto se stesso per quell'amore che un giorno, all'improvviso, era evaporato come una bolla di sapone. Era stato come ricevere un pugno in piena faccia. Quel giorno, dopo aver pianto a lungo, aveva deciso che sarebbe diventato una roccia. Non avrebbe più lasciato spazio per un nuovo amore. "Divento una roccia. Mi trasformo in un'isola deserta, che può essere lambita dall'acqua dell'oceano ma dove per nessuna imbarcazione sarà possibile l'attracco". Si era rifugiato nei libri. Scriveva e leggeva poesie. Il contrasto tra le emozioni intense che vivevano in quelle parole e la totale assenza di esse nella sua quotidianità era forte. Era diventato un guerriero invisibile nascosto in un armatura. Era riuscito a proteggersi dal dolore. Almeno così credeva.

I AM A ROCK

SIMON & GARFUNKEL

Autore: Paul Simon

Etichetta: Columbia Records

Album: *Sound of Silence*

Anno: 1966

OLTRE LA CANZONE

I Am a Rock è uno dei brani più famosi di Simon & Garfunkel, ma nelle classifiche ha avuto vita travagliata a causa delle pubblicazioni multiple che lo hanno contraddistinto. La canzone fu scritta da Paul Simon quando ancora non era famoso e offerta ad altri artisti, ma fu rifiutata da tutti. Così Simon la registrò per il suo primo album da solista, che uscì in Gran Bretagna nel 1965, ma non ebbe successo. Paul Simon stava cercando di affermarsi come solista visto che il primo album registrato con Garfunkel non aveva avuto alcun seguito presso il pubblico e il duo perciò si era sciolto. Il loro primo album conteneva la canzone *The Sound of Silence*, che alla fine del 1965 fu ripubblicata dopo essere stata remixata e aggiornata. Divenne un successo planetario e convinse i due artisti a tornare a collaborare e a incidere insieme *I Am a Rock*, che nella nuova versione ottenne una grande popolarità.

If I never loved I never would have cried.

Se non avessi mai amato non avrei mai sofferto.

I am a rock.

Sono una pietra.

I am an island.

Sono un'isola.

I have my books and my poetry to protect me.

Ho i miei libri e la mia poesia a proteggermi.

IL MESSAGGIO IN BOTTIGLIA

FERITE

A volte si cerca di proteggersi dalle ferite d'amore decidendo di non amare più. Ma di tutte le scelte possibili, questa è forse la più scellerata.

UN OCEANO DI SPIGHE

Un uomo e una donna, ormai anziani. Guardano lo spettacolo della natura che si apre davanti ai loro occhi. Sono seduti su un dondolo che si muove lentamente, spinto dal vento. Si tengono le mani. Le stesse mani con cui si sono abbracciati e amati. Le stesse mani sulle quali portano l'anello che ha suggellato il loro amore. Guardano quegli immensi campi dorati, dove le spighe dell'orzo che sta maturando si spostano al soffiare del vento. Sembrano un oceano dorato. È lì, tra quelle spighe, che si sono amati con passione la prima volta. È lì che lui le ha chiesto di sposarlo. E le ha promesso che non l'avrebbe lasciata mai. «Gli uomini fanno sempre promesse che poi non sono in grado di mantenere. Non illudermi, non prendermi in giro. Ci rimarrei troppo male». Lei era sempre stata molto realista. Lui non era mai stato così innamorato. Le aveva preso il viso tra le mani, l'aveva guardata negli occhi e le aveva detto: «Hai ragione. Anch'io in passato ho fatto promesse che non ho mantenuto. Ma stavolta so che non mi sbaglio. Il nostro amore sarà per sempre». Aveva ragione. E ora, in silenzio, davanti a quell'oceano dorato, stanno rivedendo la bellezza del loro amore attraverso ciò che era successo in mezzo a quelle spighe. Non si dicono nulla, ma le loro menti sono unite come una mente sola. Lui è commosso. Lei sorride. Che meraviglia l'amore, quando è davvero per sempre.

Many years have passed since those summer days

Sono trascorsi tanti anni da quei giorni d'estate

among the fields of barley.

tra i campi d'orzo.

See the children run as the sun goes down

Guarda i bambini che corrono mentre il sole tramonta

among the fields of gold.

tra i campi d'oro.

You'll remember me when the west wind

Ti ricorderai di me quando il vento dell'Ovest

moves upon the fields of barley.

soffia sui campi d'orzo.

IL MESSAGGIO IN BOTTIGLIA

PROMESSA

Si può promettere e vivere un amore per sempre? Sì, ma non è un dono caduto dal cielo: è il risultato dell'impegno con cui ogni giorno lo persegue chi ne è alla ricerca.

FIELDS OF GOLD

STING

Autore: Gordon Matthew Thomas Sumner
Etichetta: A&M
Album: *Ten Summoner's Tales*
Anno: 1993

OLTRE LA CANZONE

Fields of Gold è una delle canzoni più delicate e romantiche del repertorio di Sting e si dice che sia anche il brano più amato da sua moglie Trudie Styler. Sting ha raccontato di essere sempre stato affascinato dal modo in cui, durante l'estate, il vento muove le spighe nei campi d'orzo sterminati che si vedono dalle finestre della sua casa inglese: un oceano dorato. Per l'artista si tratta di una visione sensuale, quasi primordiale, e gli ha dato più volte l'impressione che le spighe stessero facendo l'amore con il vento. Sting si è dichiarato certo che in mezzo a tanta bellezza siano nate numerose storie d'amore, che gli amanti si siano fatti promesse d'amore eterno e che il loro legame abbia trovato rinforzo attraversando i differenti cicli della natura. La sua storia d'amore con Trudie, probabilmente, ha le sue radici proprio in quei *fields of gold*.

SCUSA SE NON TE LO DICO MAI

Suona il cellulare. È un numero sconosciuto. Potrebbe essere qualcuno che le vuole vendere qualcosa. E lei non ne può più. Lascia squillare. Se sono scocciatori, dopo un po' riappendono. Invece, la suoneria continua a farsi sentire.

«Pronto».

«Pronto, sono io».

La voce dell'uomo che ama. Non la chiama mai, durante il pomeriggio. Deve essere successo qualcosa. E il cuore comincia a batterle forte. La sua mente va sempre un po' avanti a immaginare chissà quale tragedia. L'ansia la travolge con il suo tsunami.

«Tranquilla, amore. Non è successo niente. E non devo dirti niente se non che... ti amo. Ti amo così tanto che oggi mi sono sentito un verme. Ho pensato a quante volte avrei voluto dirtelo. E a quante poche volte l'ho fatto. Non so spiegarti perché mi è così difficile dire le cose belle. Quando ero piccolo, mio padre non mi ha mai detto "Ti voglio bene". Tra me e lui c'era una barriera di silenzi, mai attraversata dalle parole che scaldano il cuore. Forse è lì che è nata la mia ritrosia. E mi dispiace se in questi anni non sono riuscito a farti sentire la forza del legame che mi unisce a te. Ecco, volevo solo dirti questo. Ti amo. Ti amo tantissimo».

Non gliele aveva mai dette quelle parole. E ora che quella strana telefonata le ha fatte entrare così potentemente nel suo cuore, non riesce nemmeno a rispondere. Sta lì, con il cellulare attaccato all'orecchio. E piange. Di felicità.

I JUST CALLED TO SAY I LOVE YOU

STEVIE WONDER

Autore: Stevland Hardaway Morris
Etichetta: Motown Records
Album: *The Woman in Red*
Anno: 1984

OLTRE LA CANZONE

Si tratta di una canzone atipica rispetto al repertorio di Stevie Wonder, che negli anni Sessanta e Settanta è stato una vera e propria icona della musica soul-black e un grande sperimentatore di nuovi ritmi e sonorità. Questo invece è un perfetto "brano pop", di facile ascolto, e rappresenta uno dei più grandi successi nella carriera musicale del celebre artista non vedente. La critica non ha speso parole benevole su questo pezzo, che però è stato in testa a tutte le classifiche. Un grande contributo a questo successo planetario lo ha dato la sua inclusione all'interno della colonna sonora del film *La signora in rosso*, grazie al quale ha vinto l'Oscar e il Golden Globe come miglior canzone originale. Nel brano c'è anche un campionamento di *(Sittin' on) The Dock of the Bay*, un altro dei brani fondamentali della storia della musica black, inciso nel 1968 da Otis Redding.

I just called to say I love you.

Ti ho chiamata solo per dirti che ti amo.

I just called to say how much I care, I do.

Ti ho chiamata solo per dirti quanto ci tengo.

I just called to say I love you

Ti ho chiamata solo per dirti che ti amo

and I mean it from the bottom of my heart, of my heart,

e lo dico dal profondo del mio cuore, del mio cuore,

baby of my heart.

tesoro del mio cuore.

IL MESSAGGIO IN BOTTIGLIA

PARLARE D'AMORE

Non avere mai paura di dire le parole che fanno felici le persone a cui vuoi bene. Loro lo apprezzeranno e anche tu sarai più felice.

CHE COSA POSSO FARE IO?

Manca poco a Natale. Fin da quando era bambino, per lui questi sono i giorni più belli dell'anno. La sua è una vita di meraviglia e fortuna. Un brano inciso quasi per divertimento è stato selezionato per un concorso e ha sbaragliato la concorrenza. Poi tutto è andato veloce. La tournée, le classifiche, il successo. Mentre sistema le ghirlande ripensa all'ultimo anno e gli sembra un sogno. Poi volta lo sguardo verso il televisore. Sta andando in onda un documentario: una terribile carestia ha colpito una nazione africana. I bambini stanno morendo di fame. Le immagini lo turbano profondamente. "Che cosa posso fare?" si chiede. Ripensa agli artisti che ha incontrato negli ultimi mesi. Forse anche loro sentono il desiderio di fare qualcosa per gli altri. Comincia a mandare messaggi. "Sareste disponibili a registrare una canzone per beneficenza? La canzone più inaspettata per questo Natale: quella in cui i campioni delle classifiche mondiali non si preoccupano di arrivare primi, ma di realizzare una hit per aiutare i bambini che muoiono di fame". Arrivano risposte entusiastiche: "Io ci sto", "Sarebbe bellissimo", "Quando si va in sala di incisione?". La squadra c'è. Ora si deve scrivere una bella canzone. Lui sta già provando un ritornello con la sua chitarra. Sarà il più grande successo di tutti i tempi. Non è poi così difficile rendere il mondo un posto migliore.

It's Christmas time, and there's no need to be afraid.

È Natale, non dobbiamo avere timore.

At Christmas time, we let in light and banish shade

A Natale lasciamo passare la luce e usciamo dall'ombra

and in our world of plenty, we can spread a smile of joy.

e nel nostro mondo di abbondanza possiamo diffondere un sorriso di gioia.

Throw your arms around the world at Christmas time.

Abbraccia il mondo a Natale.

IL MESSAGGIO IN BOTTIGLIA

PROTAGONISMO

Puoi contribuire anche tu a rendere più bello il mondo in cui viviamo se di fronte a un piccolo o grande problema ti poni la domanda: "E io che cosa posso fare per migliorare le cose?".

DO THEY KNOW IT'S CHRISTMAS?

BAND AID

Autori: Bob Geldof, Midge Ure

Etichetta: Phonogram Records/Columbia Records

Album: *Do They Know It's Christmas?*

Anno: 1984

OLTRE LA CANZONE

Do They Know It's Christmas? è stato il primo esempio di collaborazione tra artisti che si riuniscono per incidere un brano a scopo di beneficenza. Nato da un'idea di Bob Geldof e di Midge Ure, il progetto Band Aid si concretizzò il 25 novembre 1984, quando i più popolari artisti britannici e irlandesi del momento si riunirono ai SARM Studios di Londra, il cui uso venne concesso a titolo gratuito per 24 ore. Parteciparono al progetto artisti del calibro dei Duran Duran, George Michael, Sting, Spandau Ballet, Bono e Adam Clayton degli U2, Paul Young, i Culture Club, Phil Collins dei Genesis, Paul Weller e molti altri. Il disco vendette più di tre milioni di copie nel Regno Unito, diventando il singolo più venduto di sempre, e raccolse oltre otto milioni di sterline in tutto il mondo.

L'UOVO E IL GUSCIO

Da quando è arrivato nella sua nazione di adozione, si è abituato a essere guardato con quegli occhi che sembrano domandarsi: "Ma che ci fa uno così in mezzo a noi?". Lo sa che il problema è il colore della sua pelle.
Suo nonno, un giorno, lo aveva visto piangere al ritorno dall'asilo. Un compagno lo aveva preso in giro chiamandolo con il nome di un uovo di cioccolato. Il nonno si era messo in ginocchio davanti a lui e lo aveva guardato con serietà. «La lingua di alcune persone si muove più velocemente del pensiero che dovrebbe ispirarne le parole». E lo aveva portato in cucina. «Facciamo un esperimento». Il nonno aveva preso tre uova. Uno aveva il guscio bianco. Il secondo aveva il guscio marroncino. Il terzo era il più scuro di tutti. Il nonno gli aveva chiesto di guardare bene le uova e poi voltarsi. Quando si era girato di nuovo, sul tavolo c'erano tre piatti. Ognuno conteneva un rosso d'uovo con il suo albume. «Adesso dimmi da quale guscio è uscito ognuno di questi». Il messaggio era arrivato forte e chiaro: non è ciò che c'è fuori, a fare la differenza. Poi, il nonno si era seduto al pianoforte e aveva suonato due melodie meravigliose. «Se non ci fossero tasti neri e tasti bianchi, una sequenza di ebano e avorio, non sarebbe possibile suonare così. La differenza genera bellezza. E può essere una risorsa per tutti. Non vergognarti mai di chi sei».

EBONY AND IVORY

PAUL MCCARTNEY E STEVIE WONDER

Autore: James Paul McCartney

Etichetta: Parlophone/EMI/Columbia Records

Album: *Ebony and Ivory*

Anno: 1982

OLTRE LA CANZONE

Il brano, uscito nel 1982, invita all'integrazione tra i bianchi e i neri e fu ispirato a Paul McCartney da Spike Milligan: in un suo sketch, il comico diceva che c'è bisogno sia di note bianche sia di note nere per creare armonia con la musica. *Ebony and Ivory* è stato il più grande successo commerciale nella carriera solista di Paul McCartney e il secondo più rilevante di tutta la sua carriera, dopo *Hey Jude*. Il fatto di cantarlo con Stevie Wonder ha perfettamente centrato l'idea stessa della canzone. Il brano ha avuto molti detrattori che l'hanno considerato di troppo facile impatto, ma «Billboard» l'ha collocato alla cinquantanovesima posizione della classifica delle più grandi canzoni di tutti i tempi.

We all know that people are the same wherever you go.

Tutti sappiamo che le persone sono uguali ovunque si vada.

There is good and bad in everyone.

C'è del bene e del male in ognuno di noi.

And we learn to live, we learn to give each other

E noi impariamo a vivere, impariamo a dare gli uni agli altri

what we need to survive together alive.

quello che ci serve per sopravvivere insieme.

IL MESSAGGIO IN BOTTIGLIA

CIÒ CHE CONTA

Non cercare mai il tuo valore in ciò che gli altri dicono di te. Il valore di una persona proviene da ciò che è, non dall'aspetto che ha.

TU SARAI PER SEMPRE

Il suo bambino è lì, tra le sue braccia. Si sente attraversata da una sensazione di onnipotenza. Com'è possibile che il corpo di una donna possa produrre tanta perfezione? Che possa, in nove mesi, generare una scultura vivente nella quale ogni piccolo particolare è creato e curato in modo unico e speciale, inimitabile?
Un bambino tra le braccia: lo guarda negli occhi e subito le vengono in mente i giorni in cui lei stessa era bambina. L'abbraccio della mamma, la voce del papà. E poi, crescere e diventare grande. Le molte sfide che ha dovuto affrontare. Tenere testa a chi non credeva in lei, a chi aveva cercato di ostacolare il suo percorso.
Ha dovuto lavorare su di sé, a lungo. Ha scolpito la sua autostima giorno dopo giorno. Si è messa alla prova. È caduta e si è rialzata. Ha imparato a non farsi spaventare dai propri errori. E soprattutto ha imparato a volersi bene. A credere in se stessa.

Così un giorno si è sentita pronta. «Voglio un bambino». Solo tre parole. Che però ti cambiano la vita per sempre. Ma ora che stringe il suo bambino si sente fortunata e felice per aver potuto pensare e dire quelle parole e poi trasformarle in realtà.

Ora ha un futuro. Il suo bambino sarà per sempre. Tutto il resto potrà fermarsi, cambiare, interrompersi. Ma lei sarà per sempre mamma.

Un'ondata di commozione e tenerezza la invade. Quel bimbo che sembra non vedere nulla, in realtà l'ha guardata nel posto più profondo di tutti: il suo cuore.

I believe the children are our future,

Credo che i bambini siano il nostro futuro,

teach them well and let them lead the way.

educhiamoli bene e lasciamo che siano loro a indicarci la via.

Show them all the beauty they possess inside,

Mostriamo loro tutta la bellezza che hanno dentro,

give them a sense of pride to make it easier.

diamo loro un senso di orgoglio che renda tutto più semplice.

Let the children's laughter remind us how we used to be.

Lasciamo che le risate dei bambini ci ricordino come eravamo.

IL MESSAGGIO IN BOTTIGLIA

GENITORIALITÀ SOCIALE

Nulla è più prezioso di un bambino. Ogni adulto dovrebbe essere genitore, non solo dei propri figli, se ne ha, ma di ogni bambino che potrebbe avere bisogno del suo aiuto.

GREATEST LOVE OF ALL

WHITNEY HOUSTON

Autori: Linda Creed, William Michael Masser
Etichetta: Arista Records
Album: *Whitney Houston*
Anno: 1985

OLTRE LA CANZONE

Questa canzone è una delle più amate e commoventi del repertorio di Whitney Houston. Inizialmente interpretata da George Benson, cantante jazzista statunitense, senza ottenere un grande riscontro, esplose quando Whitney Houston la incluse nel suo primo album, che ebbe un successo planetario e vendette oltre 25 milioni di copie. Si tratta di una delle più profonde celebrazioni dell'infanzia e del significato che i bambini hanno nella nostra vita. L'autrice, Linda Creed, scrisse il testo mentre stava combattendo la sua battaglia contro il cancro al seno. Conoscendo le vicende personali di chi l'ha composto, il brano assume un significato ancor più profondo e appare come una sorta di "dichiarazione d'amore" senza tempo e senza confini che una mamma, il cui destino è sospeso tra la vita e la morte, fa al proprio figlio. Linda Creed morì pochi mesi prima che il suo brano diventasse una hit mondiale.

IL MONDO DALL'ALTO

Era arrivato in cima alla montagna. Aveva reso la sua corsa verso il successo al pari di una scalata dove solo uno ce la fa, mentre tutti gli altri tornano indietro. E lui ce l'aveva fatta. Aveva sgomitato, fatto fuori gli avversari, conquistato posizione su posizione. Da lassù, poteva godersi la vista di ciò che c'era sotto. Ma quello che pensava sarebbe stato il momento più bello della sua vita, si stava rivelando il più deludente.

Girava il mondo per presentare i suoi libri, che alcuni consideravano una fonte di ispirazione. Gli chiedevano autografi, fotografie, consigli. Lui firmava, si metteva in posa, parlava, ma dentro di sé si domandava: "Che senso ha tutto questo?".

Dormiva nei migliori alberghi. Poteva guardare i canali di tutto il mondo su schermi giganti. Ma più schiacciava i tasti del telecomando e più gli sembrava che la scena fosse sempre la medesima: consigli per gli acquisti, reality show, politici attenti a ricercare il consenso più che ad ascoltare i bisogni dei loro elettori.

Aveva anche provato a combattere quel senso di smarrimento con una ragazza, ma non aveva funzionato. Era una vita che si dava da fare, ma nulla sembrava soddisfarlo per davvero. "Forse non so più che cos'è il piacere. Forse ho combattuto così tanto per arrivare in cima da non capire nemmeno più perché l'ho fatto".

Ogni giorno gli stessi pensieri, gli stessi rituali, la stessa fatica nel trovare piacere nelle piccole o grandi cose che la vita gli metteva a disposizione.

(I CAN'T GET NO) SATISFACTION

THE ROLLING STONES

Autori: Michael Philip Jagger, Keith Richards
Etichetta: London Records/Decca Records
Album: *Out of Our Heads*
Anno: 1965

OLTRE LA CANZONE

(I Can't Get No) Satisfaction è forse l'inno rock più famoso al mondo, piazzato al secondo posto della classifica di «Rolling Stone» delle 500 canzoni più belle di tutti i tempi. Proprio con questa canzone, nel 1965, i Rolling Stones raggiunsero per la prima volta la vetta delle chart di tutto il mondo, benché alcune emittenti europee si fossero rifiutate di mandarla in onda a causa dei riferimenti sessuali troppo espliciti. Divenne anche un inno di protesta generazionale contro il "sistema" e contro la cultura del consumismo che stava, ai tempi, trasformando l'economia e la vita sociale degli Stati Uniti. In qualche modo, fu uno dei brani che prepararono i giovani che poi fecero il Sessantotto a rendere espliciti il proprio disagio e la propria profonda insoddisfazione verso una società che tendeva a mantenere se stessa inalterata senza adattarsi alle loro esigenze di cambiamento.

I can't get no satisfaction,

Non mi sento per niente soddisfatto,

I can't get no satisfaction,

non mi sento per niente soddisfatto,

'cause I try and I try and I try and I try.

perché ci provo, ci provo, ci provo, ci provo.

I can't get no, I can't get no.

Non mi sento per niente, non mi sento per niente.

IL MESSAGGIO IN BOTTIGLIA

PIACERE

Rincorri il dovere, ma ricordati di lasciare sempre un po' di spazio nella tua vita per trovare il piacere.

FERRO E CALAMITA

Lui la vede. Lei no. Lui cerca qualcuno con cui attraversare la notte. Non riesce a vivere senza l'eccitazione dell'attimo che si incendia e che poi brucia tutto il resto. La avvicina. Potrebbe essere la ragazza capace di accendere il suo fuoco.
Lei si volta verso di lui. Ha uno sguardo magnetico che le muove dentro una sensazione strana. È come se lei fosse fatta di ferro e lui fosse una calamita che genera un campo magnetico cui non può resistere. Le vengono in mente mille cose. Sa che quasi certamente si metterà nei pasticci. Sa che se i suoi sapessero... se le sue amiche sapessero... Eppure.
Aveva sentito parlare di trasgressione in un incontro a scuola. Uno psicologo aveva allertato i ragazzi: «Alla vostra età sentite fortissimo il richiamo della trasgressione. E avete due sole opzioni. La prima è resistere. Darvi dei buoni motivi per non oltrepassare i paletti che segnano il confine della ragionevolezza e del buon senso. Se saprete mantenere il controllo di voi stessi non vi farete mai male. La seconda invece è cedere. A quel punto, tutto ciò che accadrà sarà a vostro rischio e pericolo».
Lei vorrebbe tanto scegliere la prima opzione, stasera. Resistere a quello sguardo magnetico. Ma non ci riesce. Sa già, proprio come aveva detto lo psicologo a scuola, che tutto ciò che accadrà da ora in avanti sarà a suo rischio e pericolo.

You know that it would be untrue,

Sai che mentirei,

You know that I would be a liar

sai che sarei un bugiardo

if I was to say to you: girl, we couldn't get much higher.

se ti dicessi: ragazza, non possiamo arrivare molto più in alto.

Come on baby, light my fire, come on baby, light my fire,

Forza, piccola, accendi il mio fuoco, forza, piccola, accendi il mio fuoco,

try to set the night on fire.

cerca di appiccare il fuoco alla notte.

IL MESSAGGIO IN BOTTIGLIA

TRASGRESSIONE

Quando trasgredisci probabilmente sai che cosa stai facendo, ma quasi certamente non puoi prevedere le conseguenze che ne deriveranno.

LIGHT MY FIRE

THE DOORS

Autori: John Paul Densmore, Robert Alan Krieger, Raymond Daniel Manzarek Jr., James Douglas Morrison
Etichetta: Elektra Records
Album: *Light My Fire*
Anno: 1967

OLTRE LA CANZONE

Questa è la canzone che ha generato il mito dei Doors. Il leader, Jim Morrison, divenne una delle rockstar più iconiche del panorama mondiale. Fu lui a chiedere a Robby Krieger di scrivere un pezzo sugli elementi naturali: fuoco, aria, terra e acqua. Morrison desiderava un brano capace di resistere al tempo, che restasse nella memoria delle persone. Fu così che Robby decise di mettere il fuoco, il più potente e passionale tra gli elementi, al centro del pezzo, anche alla luce del fatto che i Rolling Stones avevano da poco inciso *Play with Fire*, che lui aveva amato molto. Il brano però non era adatto all'emissione radiofonica, perché gli splendidi assoli di chitarra di Morrison gli conferivano una lunghezza superiore ai sette minuti. Fu difficile far accettare al gruppo l'idea di ridurlo per ottenere una versione più breve, ma alla fine fu lo stesso Jim Morrison a dare l'ok. E ad accendere una fiamma musicale che non si è mai spenta.

TERRA PROMESSA

È notte. Rumore di qualcosa che si muove sul mare: è un barcone su cui viaggiano delle persone che sanno di essere sospese tra la vita e la morte. Il loro navigare è disperazione e speranza, tutto mescolato. Si sono lasciate alle spalle una vita che riservava loro solo la prospettiva della morte. E si sono messe in viaggio su questo barcone che promette morte, per avere una speranza di vita. Ognuno di loro sta lì, fermo, seduto, in silenzio. Tutti ammassati. Tutti bruciati dal sole che li ha inondati senza tregua nel corso del giorno. Tutti spaventati dal buio che ora li avvolge e che non si sa cosa nasconda dentro le sue tenebre. Tutti pensano ai volti delle persone che amano. Le persone con cui stanno per ricongiungersi.

O che si sono lasciati alle spalle e che se tutto andrà bene potranno rivedere solo tra molto tempo. Quando la terra promessa che sta da qualche parte, nascosta ai confini di questo mare, li accoglierà. Se li accoglierà. E darà loro lavoro e dignità. Se vorrà farlo. E allora tutto sarà diverso. E torneranno a vivere. Perché ora la vera sfida è riuscire a sopravvivere.

Cruel
But
FAIR

SAILING

ROD STEWART

Autore: Gavin Sutherland

Etichetta: Riva Records/Warner Bros.

Album: *Atlantic Crossing*

Anno: 1975

OLTRE LA CANZONE

Questo brano fu inciso per la prima volta nel 1972 dai Sutherland Brothers, ma raggiunse il successo mondiale nel 1975, grazie alla versione di Rod Stewart. È una canzone che ha a che fare con la nostalgia di casa, un tema molto caro all'artista che, per sottrarsi a una pressione fiscale ritenuta eccessiva, si trasferì dall'Europa agli Stati Uniti. Stewart ha confessato che era solito "scaldarsi emotivamente" in sala di incisione, consumando qualche bevanda alcolica per sciogliere i nervi prima di registrare una nuova canzone. Ma quando incise *Sailing* non c'era alcun alcolico disponibile, perciò questo brano rappresenta probabilmente l'unico pezzo registrato in stato di totale sobrietà. Il tono è caldo e intimo e il testo contiene una storia di movimento e migrazione nella quale convivono i temi della speranza e della paura del cambiamento.

We are sailing, we are sailing,

Stiamo navigando, stiamo navigando,

home again 'cross the sea.

torneremo di nuovo a casa attraverso il mare.

We are sailing stormy waters

Stiamo navigando in acque burrascose

to be near you, to be free.

per essere vicini a te, per essere liberi.

IL MESSAGGIO IN BOTTIGLIA

SPERANZA

La vita ci sposta dalla zona delle nostre certezze. Il viaggio è speranza e paura al tempo stesso, ma senza rischio non possono esserci crescita ed evoluzione.

LA VERA BELLEZZA

La vide e ne rimase colpito. Anzi, "stregato". Era una di quelle bellezze che gli bloccavano il respiro. Che quando attraversavano una stanza la riempivano come farebbe un raggio di luce così potente da esserne abbagliati. Tanto da non vedere più nulla. Ma la sua bellezza andava al di là di ciò che si vedeva, perché lei era bella anche dentro. E l'amore era diventato tutta la loro vita. Aveva riempito ogni spazio, ogni vuoto, ogni bisogno.
«Se Dio avesse dovuto inventare dal nulla la bellezza, avrebbe creato te» le aveva detto lui un giorno. E il significato che nascondevano quelle parole l'aveva fatta sentire la donna più amata del mondo. Non è facile trasformare un'attrazione puramente fisica in un'intesa amorosa e spirituale profonda e completa. Ma loro ci erano riusciti. «Quando un giorno dovremo lasciare la nostra vita, io potrò farlo solo se ti avrò tra le mie braccia». «Quando mi sentirò travolto dalle tenebre della notte, saranno il tuo volto e il tuo abbraccio a farmi restare nella luce. A non farmi perdere nell'ombra e nel buio». Erano diventati una cosa sola. E quella bellezza che a volte brucia tutto, incendia con il fuoco della passione, lasciando solo cenere, si era trasformata in cemento capace di rendere il loro amore solido come una casa costruita sulla roccia.

And if the stars ever fell one by one from the sky

E se le stelle cadessero una a una dal cielo

I know Mars could not be, uh, too far behind,

so che Marte non potrebbe essere, uh, troppo indietro,

'cause baby, this kind of beauty has got no reason to ever be shy

perché, piccola, questo tipo di bellezza non ha ragione di essere timida,

'cause honey, this kind of beauty

perché, dolcezza, questo tipo di bellezza

is the kind that comes from inside.

è quello che proviene dall'interno.

IL MESSAGGIO IN BOTTIGLIA

BELLEZZA

C'è una bellezza che ti rapisce lo sguardo. Ma ce n'è una che è capace di rapirti anche il cuore. Quella è probabilmente la vera bellezza, la bellezza autentica.

THE MOST BEAUTIFUL GIRL IN THE WORLD

PRINCE

Autori: Bruno Bergonzi, Prince Rogers Nelson, Michele Vicino

Etichetta: NPG Records/Bellmark Records/Edel AG

Album: *The Gold Experience*

Anno: 1994

OLTRE LA CANZONE

Per la sua creatività, versatilità, sensibilità musicale, Prince è considerato uno dei migliori artisti e musicisti di tutti i tempi, tanto che la rivista «Rolling Stone» lo ha inserito in ben tre differenti classifiche: lo troviamo al ventisettesimo posto tra i migliori artisti di sempre, al trentesimo come miglior cantante e al trentaquattresimo come miglior chitarrista. Questa canzone è una delle più romantiche del repertorio dell'artista, famoso per la sensualità di molti suoi brani e per la carica trasgressiva che spesso ha portato sul palco: in occasione dell'uscita dell'album *Diamonds and Pearls*, per esempio, Prince è comparso sul palco della cerimonia di consegna degli MTV Video Music Awards indossando una tuta che gli lasciava scoperte le natiche.

CHE COSA STA SUCCEDENDO, FRATELLO?

Era stato un giovedì di sangue. Il musicista era arrivato con la band nel campus dell'università dove avrebbe dovuto suonare. Le sue canzoni avevano fatto innamorare così tanti studenti che includere una tappa del tour in quella città era quasi d'obbligo. Pensavano che, al loro arrivo, avrebbero trovato le solite scene di delirio delle fan, ma le cose erano andate in modo completamente diverso. Nel campus un gruppo di attivisti per la pace aveva organizzato una manifestazione contro la decisione del governo di aderire a una guerra di cui molti non vedevano il senso. La rivolta pacifista si era trasformata in guerriglia contro le forze dell'ordine. Ne era nato un disordine ingovernabile. Vedere i manganelli che colpivano i manifestanti aveva riempito di sgomento il musicista. "Come facciamo a cantare l'amore, quando qui c'è solo violenza?". Così la band era stata portata in albergo. La polizia aveva dato l'ordine di procedere lo stesso con il concerto: la cancellazione avrebbe reso tutto più difficile. L'artista si era chiuso in camera e aveva provato e composto per tutto il pomeriggio. Desiderava che la sua canzone ristabilisse un clima di fratellanza. Ed è con quella canzone che apre il concerto: «Che cosa sta succedendo, fratello? Che cosa sta succedendo, sorella? Che cosa sta succedendo madre, padre?». Tutti ascoltano. Qualcuno stringe la mano di chi gli sta accanto. Piano piano, tutti iniziano a battere le mani e a ballare.

WHAT'S GOING ON

MARVIN GAYE

Autori: Renaldo "Obie" Benson, Al Cleveland, Marvin Pentz Gay
Etichetta: Motown Records
Album: *What's Going On*
Anno: 1971

OLTRE LA CANZONE

Questa canzone è nata come risposta alla violenta repressione scattata in un campus universitario in occasione di una manifestazione per contestare la decisione degli Stati Uniti di combattere in Vietnam. Fu scritta da Al Cleveland e Renaldo "Obie" Benson, un componente del gruppo dei Four Tops, band soul pop degli anni Sessanta, che si trovò ad assistere a episodi di violenza della polizia nei confronti dei manifestanti. Il suo gruppo si rifiutò di inserirla nel proprio repertorio e quindi la propose a Marvin Gaye, che ne fece uno dei suoi più grandi successi. È un pezzo anomalo per l'artista, che non era politicamente impegnato, ma la miscela armonica e poetica di parole e musica e l'interpretazione sublime di Gaye hanno creato una delle più belle pagine della musica soul di tutti i tempi e uno dei brani che hanno reso immortale questo musicista afroamericano.

Mother, mother,

Madre, madre,

there's too many of you crying.

troppe madri piangono.

Brother, brother, brother,

Fratello, fratello, fratello,

there's far too many of you dying.

troppi fratelli muoiono.

You know we've got to find a way

Sai che dobbiamo trovare il modo

to bring some lovin' here today.

per portare un po' di amore qui oggi.

IL MESSAGGIO IN BOTTIGLIA

COSTRUIRE LA PACE

Siamo tutti costruttori di pace. In ogni istante, in ogni momento. In ogni parola che diciamo. In ogni gesto che facciamo. Ognuno con il proprio ruolo deve essere un costruttore di pace.

UNA VITA PIENA DI BLU

Aveva rincorso la libertà tutta la vita. Era diventato pilota d'aereo contro il parere dei suoi cari. Gli dicevano: «Siamo gente povera. Per diventare pilota devi studiare per anni. Rischi di non farcela». Ma non aveva abbandonato il suo sogno. Fin da bambino guardava il cielo e sentiva che quello era il suo mare. Voleva nuotare nel cielo, voleva tutto quel blu intorno a lui. "Solo volando posso respirare la libertà che sogno da sempre" pensava.
Aveva superato tutte le selezioni e il giorno del suo primo volo l'emozione era incontenibile. Decollo e atterraggio perfetti. I passeggeri gli avevano fatto i complimenti. Poi di voli ne erano arrivati molti altri. Quella sensazione di galleggiamento nel blu aveva continuato a renderlo felice. Ma c'era anche un altro blu che stava cercando. E un giorno lo trovò negli occhi di una donna incrociata per caso in aeroporto. Serviva il caffè nel bar dei piloti. «Sei il sole perfetto per la mia voglia di cielo. Vieni a splendere con me?». Lei aveva sorriso. Caffè dopo caffè, la loro storia era cresciuta. Volare gli regalava le ali verso la libertà. Parlare con lei lo faceva sentire capace di mettere radici. «Sai mettere radici con uno che è sempre sospeso in cielo?» le aveva chiesto. Lei aveva sorriso. La sua libertà era basata sullo stare. Lui invece aveva bisogno di andare. Ma insieme potevano farcela. Lui il volatore. Lei la donna ben piantata a terra. La loro: una vita piena di blu.

Volare oh, oh, cantare oh, oh,

nel blu dipinto di blu, felice di stare lassù.

Ma tutti i sogni nell'alba svaniscon perché

quando tramonta la luna li porta con sé.

Ma io continuo a sognare negli occhi tuoi belli

che sono blu come un cielo trapunto di stelle.

IL MESSAGGIO IN BOTTIGLIA

EQUILIBRIO

A volte cerchi la libertà fuori da te stesso. A volte la senti abitare nel tuo mondo più profondo. Ma è quando raggiungi l'equilibrio tra il dentro e il fuori che sei davvero libero.

NEL BLU DIPINTO DI BLU (VOLARE)

DOMENICO MODUGNO

Autori: Francesco Migliacci, Domenico Modugno

Etichetta: Fonit Cetra

Album: *La strada dei successi*

Anno: 1958

OLTRE LA CANZONE

È la canzone italiana più famosa di tutti i tempi. Regalò a Domenico Modugno la vittoria al Festival di Sanremo del 1958, si classificò terza all'Eurovision Song Contest dello stesso anno e poi sbarcò oltreoceano, restando in classifica per ben cinque settimane, cosa mai più verificatasi per una canzone in lingua italiana. Gli autori del brano, Franco Migliacci e lo stesso Modugno, hanno dato varie versioni in merito alla creazione di questo capolavoro senza tempo: Migliacci dichiara di averlo composto dopo una notte rovinata da un incubo terribile e di essersi ispirato anche al quadro *Le coq rouge dans la nuit* di Marc Chagall, Modugno invece ha raccontato di aver avuto l'illuminazione una mattina aprendo la finestra della sua casa di Roma, mentre era in compagnia della moglie Franca, e ammirando il cielo più azzurro che avesse mai visto.

PERCHÉ L'HAI FATTO?

Fuori è freddo. Il vento soffia e muove tutto. Lui, dentro casa, è protetto e al sicuro. Ma il vento che incombe sembra travolgerlo. Rimane immobile, nulla lo tocca. Ma la sua anima è devastata dal dolore. È stato tradito. Proprio dall'unica persona da cui non se lo sarebbe aspettato. Sente che dentro quel vento c'è il suono delle parole che lo hanno quasi ucciso. È vivo, ma forse sarebbe meglio dire che è sopravvissuto. Alla fine è riuscito a rimanere in piedi. Ma sa che se uscisse dalla porta, quel vento che gli viene incontro lo colpirebbe in pieno volto e in pieno cuore. Non sa spiegarsi perché le relazioni nelle quali sperimenta la meraviglia dell'amicizia e dell'amore sono poi quelle in cui si trova affogato nel dolore del tradimento. Vorrebbe dirglielo: perché l'hai fatto? Perché mi hai ridotto in questo modo? Intanto fuori il vento continua a ululare.

IN THE AIR TONIGHT

PHIL COLLINS

Autore: Philip David Charles Collins

Etichetta: Virgin Records/Atlantic Records

Album: *Face Value*

Anno: 1981

OLTRE LA CANZONE

Si tratta del primo successo da solista di Phil Collins, frontman e batterista della storica band dei Genesis. Questa canzone è nata dopo l'abbandono del gruppo da parte di Collins e dopo un periodo di grande fatica emotiva e personale in seguito alla fine della relazione con la sua prima moglie. Il pezzo è considerato una sorta di "signature song" per Collins, caratterizzato com'è da un'atmosfera e un'eleganza incredibili, create dal ritmo travolgente e al tempo stesso soffuso della batteria. In questo brano c'è un'ansia adrenalinica in cui musica e parole costruiscono un effetto ad alto impatto emotivo. *In the Air Tonight* è uno dei migliori esempi di emozione in musica, dove abbandonandosi al suono e alle parole della canzone l'ascoltatore può trovarsi immerso in uno stato emotivo che sente vivo dentro di sé.

Well I remember, I remember don't worry,

Be', mi ricordo, mi ricordo, non preoccuparti,

how could I ever forget, it's the first time,

come potrò mai dimenticare, è la prima volta,

the last time we ever met.

l'ultima volta che ci incontreremo.

But I know the reason why you keep your silence up,

Ma conosco le ragioni del tuo silenzio,

no you don't fool me,

oh, no, non mi freghi,

the hurt doesn't show, but the pain still grows.

la sofferenza non si mostra, ma il dolore continua a crescere.

IL MESSAGGIO IN BOTTIGLIA

TRADIMENTO

Scoprire che qualcuno ti ha tradito è come essere travolto da una tempesta alla quale puoi sopravvivere, ma che rischia di far sedimentare dentro di te il dolore della sua potenza distruttiva.

SALVARE UNA VITA

Aveva lavorato tutta la notte. Era stremato. Quando aveva deciso di collaborare con la protezione civile come volontario non immaginava di trovarsi faccia a faccia con il dolore. Di dover grattare terra, sassi e cemento con le unghie, nella speranza di disseppellire dalle macerie il corpo di un uomo.
Il telefono lo aveva gettato giù dal letto interrompendo uno dei suoi sogni più belli. Poi era cominciato l'incubo. Si era precipitato sull'auto di servizio e aveva raggiunto il posto dove era crollata la palazzina. E aveva visto centinaia di persone piangere. Tutti speravano che qualcuno venisse estratto vivo. Lui temeva di non farcela, sentiva tutto il dolore del mondo entrargli dentro. «Tutti soffrono» gli diceva suo padre. «L'unico modo per farcela è non stare dentro a quella sofferenza, ma affrontarla, guardarla in faccia. Sfidarla». Ma quella notte gli sembrava di non riuscirci. Mentre scavava e piangeva, mentre il suo cuore batteva veloce e stanco, improvvisamente sentì un suono flebile provenire dalle macerie. «Help me, I'm hurt». Una voce straniera, giovanissima. Continuò a lavorare con più energia mentre quel suono diventava più nitido. Più chiaro. Poi, prese la torcia per illuminare quel buco buio che era riuscito ad allargare. Una mano emerse da un anfratto e afferrò la sua. Stava per salvare una vita. Tutto stava per assumere un nuovo significato.

When the day is long and the night, the night is yours alone,

Quando il giorno è lungo e la notte, la notte è solo tua,

when you're sure you've had enough of this life, well hang on.

quando sei sicuro di averne avuto abbastanza di questa vita, be', resisti.

Don't let yourself go, 'cause everybody cries

Non lasciarti andare, perché tutti piangono

and everybody hurts sometimes.

e tutti soffrono a volte.

IL MESSAGGIO IN BOTTIGLIA

RISALIRE

Anche quando credi di aver toccato il fondo, c'è sempre un punto di appoggio, una persona o un motivo che ti offre la spinta per risalire.

EVERYBODY HURTS

R.E.M.

Autori: William Thomas Berry, Peter Lawrence Buck, Michael Edward Mills, John Michael Stipe

Etichetta: Warner Bros.

Album: *Automatic for the People*

Anno: 1992

OLTRE LA CANZONE

Everybody Hurts è un inno a resistere di fronte alle sfide che la vita ci pone. L'invito "hold on" ("resisti"), ripetuto più volte nel brano, aiuta l'ascoltatore a comprendere che se anche la sofferenza e il dolore sono inevitabili, c'è sempre la possibilità di farcela e venirne fuori. Il messaggio di resilienza presente in questo pezzo è stato rinforzato anche dal video musicale, che racconta come le parole di fiducia e speranza possano produrre un cambiamento significativo sul modo, spesso negativo e stereotipato, con cui molti di noi affrontano la vita. Michael Stipe, leader dei R.E.M., ha affermato di aver avuto conferma dai suoi fan che alcune persone, ascoltando il brano, hanno addirittura rinunciato all'intento di suicidarsi. «Questo è il più bell'Oscar della mia carriera» ha affermato Stipe. Nel 2010 il brano è stato scelto e inciso da 21 artisti per raccogliere fondi a favore delle popolazioni colpite dal terremoto di Haiti.

ABBIAMO ANCORA UN FUTURO

Era stato intrappolato dalla sua malattia per un tempo che gli era parso infinito. Poi, finalmente, tutto aveva ripreso il suo corso. Piano piano aveva ricominciato a muoversi. E stamattina può, per la prima volta dopo mesi, uscire di casa.
È appena terminato uno di quei temporali primaverili che scoppiano violenti, ma poi passano in fretta. Ora fuori c'è il sole, e aprendo la porta sente il calore e la luce che lo avvolgono.
È una sensazione bellissima. Si muove con passo lento, alza lo sguardo su ogni cosa che trova sulla sua strada. La primavera sta sbocciando in ogni angolo della città: gli alberi sono pieni di foglie, le rose colorano i giardini delle case. Il cielo è blu, c'è ancora qualche nuvola sparsa qua e là. Poi all'improvviso compare anche un arcobaleno. Lui si sente felice come un bambino. Il mondo oggi è meraviglioso. Qualche vicino di casa lo ferma. Lo abbraccia, gli chiede come va, gli fa sentire che è bello incontrarsi ancora. Una giovane mamma spinge una carrozzina in cui dorme un neonato. Se la ricorda, prima della malattia. Aveva il pancione, era un po' preoccupata. «Speriamo che tutto vada bene» gli aveva detto. Ora il mondo è ripartito. Tutto sembra splendere di speranza. "Abbiamo un futuro, davanti a noi". E mentre pensa queste parole, si sente felice. Meravigliosamente felice.

WHAT A WONDERFUL WORLD

LOUIS ARMSTRONG

Autori: Bob Thiele, George David Weiss
Etichetta: ABC Records/HMV
Album: *What a Wonderful World*
Anno: 1967

OLTRE LA CANZONE

La canzone forse più popolare di Louis Armstrong è atipica rispetto al suo classico repertorio jazz. La melodia pop e l'armonia avvolgente restituiscono all'ascoltatore il senso di pace e serenità raccontato nel testo. È un vero e proprio inno alla vita, alla lentezza, alla gioia. Un invito al pensiero positivo, a godere delle piccole cose che possono davvero trasformare la nostra esistenza e darle senso. La canzone fu anche intesa come un modo per sfuggire alla paura del futuro, che alla fine degli anni Sessanta aleggiava sulle ali dei venti di guerra che avevano travolto gli Stati Uniti. Armstrong cantò *What A Wonderful World* un anno prima della sua morte. La sua salute era già molto compromessa e la leggerezza profonda della sua voce ci comunica che probabilmente anche lui si era immerso nel messaggio positivo che la canzone voleva trasmettere.

I see trees of green, red roses, too,

Vedo alberi verdi e anche rose rosse,

I see them bloom, for me and you,

le vedo sbocciare, per te e per me,

and I think to myself: what a wonderful world.

e penso tra me e me: che mondo meraviglioso.

I see skies of blue, and clouds of white,

Vedo cieli azzurri e bianche nuvole,

the bright blessed day, the dark sacred night,

il giorno luminoso e beato, la solenne notte buia,

and I think to myself what a wonderful world

e penso tra me e me: che mondo meraviglioso.

IL MESSAGGIO IN BOTTIGLIA

RI-NASCITA

A volte la felicità è lì, a portata di mano. Ce l'hai davanti, in un milione di piccole cose. Ma rischia di sfuggirti, perché quando il dito indica la luna, spesso rimaniamo concentrati sul dito.

I SOGNI SON DESIDERI

È la notte di San Lorenzo, un uomo cammina, da solo. Vicino alla sua casa c'è una spiaggia, ogni tanto va a dormire lì. Il mare davanti a lui, il cielo sopra di lui. E la risacca a cullarlo. È triste. La sua storia d'amore ha avuto una brusca interruzione. Lei gli ha chiesto una pausa, lui è rimasto congelato. Ha sempre creduto che fosse la donna della sua vita. E invece.

«Ho bisogno di aria. Di fare esperienze. Di riprendere in mano la mia vita». Lui l'aveva lasciata andare. «Se vorrai, io sarò qui. Ti aspetterò». Era scomparsa. Sei mesi senza un messaggio. Un saluto. Nulla. Lui non aveva smesso di pensarla ogni attimo. Ma sapeva che l'amore funziona solo quando è libero. Non puoi legarlo con una fune per tenerlo accanto a te. Quanta fatica aveva fatto a restituirle quella libertà che in realtà non le aveva mai sottratto. Ma che lei credeva di aver perso. Sdraiato con lo sguardo fisso nel cielo vede due stelle cadenti. Due desideri. Il primo è inevitabile: "Come vorrei che tornasse con me". E poi: "Come vorrei che fosse felice". Si addormenta. Quando si sveglia al mattino, un arcobaleno solca il cielo. Guarda oltre l'arcobaleno e vede l'infinito. Vede gli uccelli che respirano la libertà del loro volo. Vorrebbe essere come loro. Prova invidia per quella felicità a portata di ali. Poi sente una vibrazione sul suo cellulare. Sua mamma, al mattino, gli manda sempre un messaggio. Non ha voglia di leggerlo. Ma afferra il telefono e lo apre.

"Mi sei mancato. Sono tornata. Mi vuoi sposare?". Il cielo esplode di luce. E a lui sembra di volare.

Somewhere over the rainbow, way up high,

Da qualche parte sopra l'arcobaleno, molto, molto in alto,

there's a land that I heard of once in a lullaby.

c'è un paese di cui ho sentito parlare una volta in una ninna nanna.

Somewhere over that rainbow, skies are blue

Da qualche parte sopra l'arcobaleno, i cieli sono blu

and the dreams that you dare to dream really do come true.

e i sogni che osi sognare diventano realtà per davvero.

IL MESSAGGIO IN BOTTIGLIA

DESIDERI

Lo spazio dei sogni è anche lo spazio dei desideri. Ci sono sogni che sembrano impossibili. Ma se li coltivi e li fai crescere dentro di te potrebbero trasformarsi in realtà.

OVER THE RAINBOW

JUDY GARLAND

Autori: Harold Arlen, Isidore Hochberg

Etichetta: Decca Records

Album: *Over the Rainbow*

Anno: 1939

OLTRE LA CANZONE

È una delle canzoni più popolari al mondo. Fu scritta per il film *Il mago di Oz* e interpretata da Judy Garland, ma in seguito è stata reinterpretata dai maggiori artisti di ogni tempo. I discografici statunitensi l'hanno eletta miglior canzone del XX secolo. Per il suo messaggio di speranza e accettazione è diventata uno degli inni più utilizzati dai movimenti omosessuali per l'affermazione dei propri diritti. Tra le infinite versioni che nei decenni sono state prodotte, resta indimenticabile quella proposta da Ariana Grande, il 6 giugno 2017, durante il suo concerto di beneficenza, *One Love Manchester*, a favore dei familiari delle 22 vittime dell'attentato avvenuto alla Manchester Arena la sera del 22 maggio 2017, al termine di un suo concerto.

MI SENTI, PAPÀ?

Inciampa sul gradino e per tenersi in piedi si appoggia al tavolino. Una cornice cade per terra. Raccoglie i cocci e solleva la fotografia. È una foto di famiglia scattata quando aveva dodici anni. La vita era bella, allora. Piena di certezze. Papà la rimproverava, ma alla sera andava sempre a darle la buonanotte con una carezza. Mamma faceva il tifo per lei ogni volta che si esibiva sul palco della scuola o partecipava a un concorso musicale. Poi la cosa era cresciuta. La volevano sul palco negli eventi più importanti e aveva raggiunto una popolarità sempre maggiore. Papà a quel punto sembrava spaventato. «Questa cosa ci sta scoppiando tra le mani e non sappiamo come gestirla». Avrebbe voluto che continuasse gli studi, ma lei aveva firmato un contratto per tre anni all'estero. Era partita contro il loro parere. Si erano riconciliati al telefono e aveva trascorso il Natale a casa. Ma in quei pochi giorni nulla era tornato davvero come prima. Poi una sera, dopo un concerto, aveva saputo che suo padre era stato male. Era tornata a casa, ma tra volo e fuso orario non aveva fatto in tempo a dirgli tutto quello che aveva nel cuore. Quella notte aveva scritto una canzone per la sua famiglia. Una canzone che era un viaggio nel passato e che serviva a dare senso al presente. Per lei quel brano era un'esigenza profonda. E ogni volta che lo proponeva in concerto alzava lo sguardo verso il cielo o, se era in teatro, verso il faro di luce più lontano. "Mi senti, papà?".

ODE TO MY FAMILY

THE CRANBERRIES

Autori: Noel Hogan, Dolores O'Riordan

Etichetta: Island Records

Album: *No Need to Argue*

Anno: 1994

OLTRE LA CANZONE

Questo brano, delicato e struggente, è il secondo singolo estratto dall'album che ha consacrato la band dei Cranberries al successo mondiale. La canzone racchiude alla perfezione le emozioni di Dolores O'Riordan, l'amatissima leader del gruppo che ha provato a raccontare la nostalgia per la sua vita famigliare e il forte strappo che il successo nel mondo della musica l'aveva obbligata a vivere. Ipersensibile e dalla voce inconfondibile, Dolores era una donna emotiva e tormentata, capace di tenere il palco come poche altre al mondo. La sua voce ha riempito di colori meravigliosi la musica della sua band, così ricca, emozionale, profonda, piena di simbolismi e significati.

My mother, my mom, she hold me,

Mia madre, la mia mamma, lei mi abbracciava,

she hold me when I was out there.

mi stringeva quando ero là fuori.

My father, my father, he liked me,

Mio padre, mio padre, gli piacevo,

oh, he liked me. Does anyone care?

oh, gli piacevo. A qualcuno importa?

IL MESSAGGIO IN BOTTIGLIA

NON PERDERE L'OCCASIONE

Non perdere mai l'occasione di dire alle persone che ami ciò che hai nel cuore e che ritieni sia importante.

IL RICORDO DI NOI

Sembra che tutto sia finito. Che non ci siano più uno spazio e un tempo davanti a me. Uno spazio e un tempo in cui potermi muovere e venirti a cercare. Sembra che non ci sia più niente. Ma se chiudo gli occhi, io sento che ci sei. Che mi vieni incontro. Sapresti riconoscermi se mi trovassi ora, all'improvviso, lì dove sei tu? Stringeresti la mia mano? Mi terresti con delicatezza vicino a te, con il viso appoggiato al tuo cuore? A volte mi domando se perdermi dentro questi pensieri sia uno spreco di tempo. Un modo per coltivare un'illusione che non mi restituirà il tocco reale delle tue mani sul mio viso. A volte mi chiedo se tutto questo dolore non mi stia facendo diventare matto. Poi, guardo la tua foto. Tutto ha un senso. Non proverei un dolore così tremendo, se tu non fossi stato la sorgente della mia gioia più grande. E allora dentro quel dolore entra un raggio di luce. E in mezzo a queste lacrime, sento anche la scintilla di una felicità che tu, quando eri qui, sapevi accendere. Ogni giorno allora decido di farcela. Divento forte. Perché ti amo. Perché ti amavo. E perché ti amerò sempre. E stare qui, aggrappato a questa vita, così disperata eppure così necessaria, mi ricorda ogni giorno di me e di te. È così che il ricordo di te dentro di me diventa struggente nostalgia e io e te insieme continuiamo a essere "noi".

Would you hold my hand if I saw you in heaven?

Mi terrai la mano se ci vedremo in Paradiso?

Would you help me stand if I saw you in heaven?

Mi aiuterai a stare in piedi se ci vedremo in Paradiso?

I'll find my way through night and day

Troverò la mia strada attraverso la notte e il giorno

'cause I know I just can't stay here in heaven.

perché so che non posso stare qui in Paradiso.

IL MESSAGGIO IN BOTTIGLIA

LUTTO

Il dolore del lutto, nella coltivazione della memoria e del ricordo di chi è scomparso, si trasforma in nostalgia.

TEARS IN HEAVEN

ERIC CLAPTON

Autori: Eric Clapton, Will Jennings
Etichetta: Warner Bros.
Album: *Tears in Heaven*
Anno: 1992

OLTRE LA CANZONE

Eric Clapton incise questa ballata nel 1992, per ricordare il figlio Conor, di quattro anni, morto in un incidente domestico. È un brano di dolore e speranza, in cui la voce dell'artista si accompagna a un sottofondo di chitarra emozionante e delicatissimo. Si percepisce tutto il dolore che deriva da un lutto così terribile, ma anche la necessità di cercare pace nella costruzione di una memoria piccola e quotidiana che si appoggia sui ricordi di ciò che è stato vissuto e condiviso. Quasi nessun artista è riuscito a restituire in una canzone una testimonianza così viva e toccante della propria esperienza di lutto. La bellezza del brano è così intensa e diretta da averlo reso il singolo di maggior successo nella carriera di Eric Clapton e da avergli fatto ottenere, nel 1993, tre Grammy Awards.

REWIND

Aveva avuto tutto dalla vita. Grandi ricchezze. Grande fortuna. E non si era mai occupato degli altri. "Sono il re del mondo" pensava spesso di se stesso. Aveva ricevuto proprio quel soprannome quando una delle riviste più importanti del globo gli aveva dedicato la copertina. Della sua vita e nella sua vita aveva fatto tutto quello che gli era sembrato giusto. Senza però mai alzare lo sguardo su chi gli viveva accanto. Gli altri erano a sua disposizione. Lui ordinava, loro obbedivano. E ora che gli restava poco da vivere si era reso conto che tutto quello che aveva accumulato non gli sarebbe servito a nulla. Abitava in una magione meravigliosa. Dormiva in un letto confortevole. Aveva tutte le persone di servizio che desiderava pronte a esaudire ogni sua richiesta. Ma non c'era, al suo fianco, nessuno che avesse il desiderio di fargli una carezza. Di dargli un bacio. Di dirgli una parola affettuosa. Dove si era perso tutte queste cose? Perché non si era reso conto che nella sua vita era stato un collezionista di tutto, tranne di ciò che conta davvero? Ripensava alle molte persone che in passato lo avevano fermato chiedendogli aiuto. Avrebbe potuto fare molto per loro. E invece aveva respinto tutti, con quei modi arroganti che lo avevano reso temibile e tristemente antipatico al mondo. Se solo avesse potuto fare il rewind di tutto questo. Se solo avesse potuto...

PRAYING FOR TIME

GEORGE MICHAEL

Autore: Georgios Kyriacos Panayiotou

Etichetta: Epic Records/Columbia Records

Album: *Listen Without Prejudice Vol. 1.*

Anno: 1990

OLTRE LA CANZONE

Questo brano appartiene all'album *Listen Without Prejudice Vol. 1*, che ha segnato una svolta nella carriera di George Michael, l'artista diventato famoso con il gruppo degli Wham! e poi dedicatosi a una carriera solista che lo ha consacrato alla fama mondiale. Nell'album, e in particolare in questa canzone, il cantante abbandona gli argomenti leggeri che hanno connotato le sue precedenti produzioni e comincia a esplorare temi profondi e a farsi domande sul senso della vita. C'è una critica nei confronti della piega che il mondo sta prendendo, della superficialità con cui le cose importanti vengono affrontate, del modo in cui i media raccontano una realtà fittizia desensibilizzando le persone a coltivare una giusta attenzione ai bisogni di chi ci vive accanto.

It's hard to love, there's so much to hate

È difficile amare, quando c'è così tanto da odiare,

hanging on to hope when there is no hope to speak of

rimanere aggrappati alla speranza quando non ce n'è

and the wounded skies above say it's much too late

e i cieli feriti lassù dicono che è troppo tardi,

so maybe we should all be praying for time

quindi forse dovremmo tutti pregare di avere tempo

IL MESSAGGIO IN BOTTIGLIA

AIUTARE GLI ALTRI

Non girare mai la testa dall'altra parte se una persona ti chiede aiuto. Fai quello che puoi per dare una mano a coloro che incontri lungo il tuo cammino.

COME AI VECCHI TEMPI

Sono lì, nella loro casa. Un po' segnati dal tempo. C'era stata un'epoca in cui avevano corpi snelli e agili, voci potenti, idee di pace per il mondo. Ed erano scesi in strada per rivendicare il diritto di essere ascoltati. I governi sembravano impegnati a dichiararsi una guerra al giorno. Ma loro, i giovani, avevano urlato così tanto, cantato così tanto, amato così tanto, che alla fine qualcosa era successo. Le idee che all'inizio sembravano rivoluzionarie si erano diffuse. Si erano fatti sentire. Poi la vita li aveva assorbiti nel suo vortice lento e ininterrotto. Si erano sistemati in quella casa sul fiume. «Si sono calmati» dicevano gli amici. Ma oggi, lì, in cucina, mentre il telegiornale sta annunciando l'ennesima decisione del governo che non condividono, si guardano negli occhi. E sentono che è arrivato il momento di fare qualcosa. Lei va in cantina. Srotola un lenzuolo dove c'è scritto: "La gente ha il potere. Nessuno glielo può togliere". Sono 25 anni che quel lenzuolo giace lì. Questo sabato, si uniranno alla manifestazione indetta dagli studenti contro le politiche ambientali dei grandi governi. «C'è bisogno di cambiare il mondo, di nuovo» dice lui guardandola negli occhi. Lei sorride. Saranno di sicuro i più anziani alla manifestazione. Ma vogliono far sentire a quei ragazzi che avere il coraggio di esprimere la propria idea in modo pacifico è la premessa fondamentale per garantire la democrazia. E per testimoniare che è la gente che ha il potere, e che chi ci governa ne deve tenere conto.

Listen, I believe everythin' we dream

Ascolta, credo che tutto quello che sogniamo

can come to pass through our union.

può accadere e farci arrivare alla nostra unione.

We can turn the world around,

Noi possiamo rivoltare il mondo,

we can turn the earth's revolution.

noi possiamo dare il via alla rivoluzione sulla Terra.

IL MESSAGGIO IN BOTTIGLIA

DEMOCRAZIA

Chi ci governa ci rappresenta. Ma siamo noi, i cittadini, ad avere il potere. È una nostra responsabilità usarlo correttamente.

PEOPLE HAVE THE POWER

PATTI SMITH

Autori: Frederick Dewey Smith, Patricia Lee Smith

Etichetta: Arista Records

Album: *Dream of Life*

Anno: 1988

OLTRE LA CANZONE

Questa canzone racchiude il percorso dell'intera carriera di Patti Smith, la grande cantautrice che negli anni Settanta ha rappresentato una delle voci più amate del movimento di rivolta giovanile che ha attraversato il mondo. Non appartiene al suo periodo di maggior successo, quello in cui brani come *Because the Night* e *Frederick* l'hanno resa un'icona mondiale. *People Have the Power* si colloca nel periodo della maturità. Le grandi battaglie erano state tutte combattute; non sembrava più tempo di canzoni di protesta. Ma la cantante ricorda che un giorno, in cucina, mentre pelava le patate, suo marito l'aveva esortata a comporre un pezzo che portasse la gente normale a comprendere di "avere il potere" sulla propria vita e nelle decisioni delle proprie nazioni. È nata così questa canzone: in cucina, sbucciando patate. E rimane, a oggi, uno degli inni di protesta più amati in tutto il mondo.

IL MISTERO

L'aria è gelida. Penetra attraverso il cappotto e gli congela le membra. Lui vaga per la città battendo i denti. Si sente solo e perso nel gelo di un inverno a cui non è avvezzo. È nato e cresciuto in California. È abituato a essere svegliato dalla luce del sole che filtra tra gli spiragli delle persiane. Non aveva mai visto la neve prima d'ora. E sì, è vero che è un incanto muoversi in un paesaggio tutto imbiancato: sembra di stare dentro una favola.
Ma quel freddo gli congela la mente, il cuore e l'anima e lo lascia stremato. Dovrebbe avere il coraggio di tornare indietro. Di risistemare tutto. Di riparare ciò che ha rovinato. Nessuno conosce il suo segreto. Chi lo ha visto arrivare nella nuova città ha immaginato che fosse uno dei tanti in cerca di fortuna. Chi lo ha visto lasciare la città dove era nato e cresciuto è rimasto senza parole. "Come, proprio tu che hai sempre dichiarato di amare la tua città più di ogni altra cosa, adesso te ne vai e ti lasci tutto alle spalle?". Non sanno che cosa si è lasciato davvero alle spalle. Si ferma davanti a una chiesa. Entra. Si inginocchia. Prega. Come vorrebbe trovare pace. Un uomo gli si avvicina. Forse è un sacerdote, anche se è vestito come lui. «Mi ascolti, la prego» gli chiede piangendo. L'uomo si siede al suo fianco. «Dimmi tutto». Parlano per ore. È notte quando esce dalla chiesa. Fuori il gelo è intollerabile. Ma lui sembra non farci caso. Chiama il suo migliore amico. Non lo sente da mesi. «Domani torno a casa».

CALIFORNIA DREAMIN'

THE MAMAS AND THE PAPAS

Autori: Holly Michelle Gilliam, John Phillips
Etichetta: Dunhill Records
Album: *California Dreamin'*
Anno: 1965

OLTRE LA CANZONE

È una delle canzoni più famose di sempre. Fu composta dai californiani The Mamas and the Papas durante una permanenza a New York e contiene proprio le emozioni di persone abituate al sole della California che all'improvviso si trovano in una città fredda in cui faticano ad ambientarsi. L'intro con il coro e le voci armonizzate è probabilmente ciò che ha reso questo pezzo una hit senza tempo. Ma oltre alla bellezza della composizione vocale e musicale, la canzone contiene due elementi che spiegano il grande impatto che ha avuto sul pubblico. Il testo racconta il "senso di dislocamento" che si prova quando ci si trova "trapiantati" in un luogo opposto a quello in cui si hanno le proprie radici. E poi c'è anche un mistero irrisolto: un uomo entra in chiesa e racconta a qualcuno un segreto. Di cosa si tratta? Nessuno lo sa. E questo forse ha aggiunto un tocco di fascino a una canzone già straordinaria.

All the leaves are brown and the sky is gray,

Tutte le foglie sono appassite e il cielo è grigio,

I've been for a walk on a winter's day.

sono andato a fare una passeggiata in un giorno d'inverno.

I'd be safe and warm if I was in L.A.

Sarei al sicuro e al caldo se fossi a Los Angeles.

California dreamin' on such a winter's day.

Sognando la California in questo giorno d'inverno.

IL MESSAGGIO IN BOTTIGLIA

ABBIAMO TUTTI BISOGNO DI ASCOLTO

Non si può fuggire dalla propria storia. Conviene imparare a narrarla bene e a integrarla nella nostra esistenza, per evitare che si trasformi in un corpo estraneo capace di farci stare male.

LA VIA PER LA FELICITÀ

Una donna di successo. Vestiti meravigliosi. Gioielli come se piovesse. Ostentava la sua ricchezza come se fosse una parte di lei. La sua identità. Gli uomini le servivano per aumentare il suo patrimonio. Ne aveva bruciati un bel po', nel corso degli anni. Li avvicinava come una mantide religiosa, poi li scaricava. Lasciandoli tramortiti. E più poveri. Poi era arrivato lui. Era molto ricco, ma sembrava non curarsene. Aveva cercato di dimostrarle come la ricchezza potesse essere un attributo e non un sostituto della personalità. Aveva perso la testa per lei, e sperava di farle abbandonare quella continua ricerca del denaro e dell'apparenza. L'aveva portata nei posti più belli del mondo. Che non erano dominati dallo sfarzo e dal lusso, ma erano riempiti dalla bellezza, semplice e naturale, di paesaggi che non potevano essere comprati. Ma lei sembrava vedere tutto come una sorta di crosta superficiale. Un giorno l'aveva sfidata: «Faremo un trekking in montagna. Sarà un percorso faticoso e impervio, ma la bellezza da cui sarai circondata ti lascerà senza fiato». Lei aveva protestato. Poi lo aveva seguito. Ma non aveva fatto altro che lamentarsi. Un giorno, mentre guardavano l'alba, le era arrivato un messaggio dal suo curatore finanziario. «Vieni subito. Possiamo fare un grande affare. Ma devi essere qui entro domani». Lei aveva voluto ripartire all'istante. Lui aveva deciso di lasciarla andare. Ognuno cerca il proprio paradiso, e i loro erano davvero incompatibili.

Your head is humming and it won't go.

C'è un mormorio nella tua testa e non vuole andare via.

In case you don't know

Nel caso non lo sapessi,

the piper's calling you to join him.

il pifferaio ti sta invitando a unirti a lui.

Dear lady, can you hear the wind blow

Cara signora, riesci a sentire il vento che soffia,

and did you know

e sai che

your stairway lies on the whispering wind?

la tua scala è nel vento che sussurra?

IL MESSAGGIO IN BOTTIGLIA

LA RICCHEZZA NON DÀ LA FELICITÀ

Quando la ricerca della ricchezza è il solo fine della vita, la cosa che si trova più facilmente si chiama infelicità.

STAIRWAY TO HEAVEN

LED ZEPPELIN

Autori: James Patrick Page, Robert Plant

Etichetta: Atlantic Records

Album: *Led Zeppelin IV*

Anno: 1971

OLTRE LA CANZONE

Un brano che ha fatto la storia della musica e che presenta una sequenza di tre scene musicali che sono anche tre passaggi narrativi. Il mito di Robert Plant e dei Led Zeppelin è per buona parte ancorato alla bellezza intramontabile di questo brano dove la voce di Plant, gli assoli di chitarra che progressivamente ne sottolineano le tinte emotive e il crescendo emozionale che se ne riceve generano un'esperienza di ascolto che non ha eguali e che in effetti è sopravvissuta al tempo. *Stairway to Heaven* è anche una splendida metafora di come la ricerca della ricchezza possa condurre alla perdizione assoluta.

NOI SIAMO. E VOI LO SAPETE

Aveva lanciato un messaggio. Lo aveva fatto alla sua maniera. Con un cartello in mano, stazionando tutti i venerdì davanti alla sede del Parlamento. La sua protesta, silenziosa e determinata, aveva fatto parlare di lei in tutto il mondo. «Le nuove generazioni lanciano un appello ai potenti. Non più sdraiati, gli adolescenti ritornano in piazza per far sentire la loro voce».

All'inizio l'avevano trattata come un fenomeno folkloristico di cui era possibile sorridere. Poi, però, di fronte all'evidenza che il suo messaggio diventava sempre più forte e muoveva sempre più persone nelle piazze di tutto il mondo, avevano dovuto cambiare strategia. E allora ne avevano scritte di tutti i colori. Su di lei, sulla generazione di opportunisti alla quale apparteneva. «Vanno a fare la rivoluzione accompagnati in auto da mamma e papà. Al mattino in piazza a protestare, al pomeriggio al centro commerciale».

Era come se tutto il movimento di valori e ideali della nuova generazione desse un incredibile fastidio alle generazioni precedenti. Che non sapevano fare altro che denigrare e sminuire usando la forza dei media.

«Potete dire ciò che volete di noi. Ma ciò che voi dite, non corrisponde a ciò che noi siamo. Noi siamo. E voi lo sapete. Per questo ci denigrate». Questo manifesto, comparso per la prima volta in una piazza del centro Europa, era, poco alla volta, diventato lo slogan del nuovo movimento di protesta giovanile. Noi siamo. E voi lo sapete.

MY GENERATION

THE WHO

Autore: Peter Dennis Blandford Townshend

Etichetta: Brunswick Records/Decca Records

Album: *My Generation*

Anno: 1965

OLTRE LA CANZONE

Inserita all'undicesimo posto tra le 500 canzoni più belle di sempre dalla rivista «Rolling Stone», *My Generation* è l'inno generazionale per eccellenza, la canzone che meglio ha fotografato negli anni Sessanta il movimento di protesta che avrebbe cambiato il mondo con la rivolta del Sessantotto e a seguire. Si dice che venne composto in seguito a una dichiarazione della Regina Madre, che aveva chiesto la rimozione di un carro funebre incontrato per strada durante una sua passeggiata e dal quale si era sentita particolarmente infastidita. Ma il brano contiene anche tutti quei fermenti di protesta e ribellione che negli anni Settanta porteranno alla nascita del movimento punk-rock. Il modo stesso in cui Roger Daltrey lo canta rappresenta una testimonianza della rabbia con cui la generazione dei giovanissimi si preparava ad affrontare il futuro.

Why don't you all fade away

Perché non sparite tutti lontano

and don't try to dig what we all say.

e non provate a capire meglio quello che tutti diciamo?

I'm not trying to cause a big sensation,

Non sto cercando di suscitare un grande scalpore,

I'm just talkin' 'bout my generation.

sto solo parlando della mia generazione.

IL MESSAGGIO IN BOTTIGLIA

CREDI NEI TUOI IDEALI E COMBATTI PER ESSI

Se hai una giusta causa per cui far sentire la voce, non tirarti indietro. E non farti spaventare da chi proverà a criticarti, usando il pregiudizio come unico strumento per metterti a tacere.

IL GRANDE INCENDIO

A Montreux la serata è bellissima. Il cielo si specchia nel lago, mentre la notte avanza. Frank Zappa sta suonando nel casinò. Si sta svolgendo uno dei festival musicali più belli del mondo. La gente è arrivata in massa per ascoltare i propri idoli. Suoneremo anche noi. Ma prima di tutto, siamo venuti qui per registrare il nuovo album. Ci piace questa atmosfera intima e rarefatta. Non ci stancheremmo mai di osservare la bellezza della natura che qui si incarna in un paesaggio da favola. La celebriamo anche stasera, mentre dal terrazzo del nostro albergo ascoltiamo in lontananza la musica del grande Frank e ci godiamo questa vista mozzafiato. Solo che... all'improvviso, vediamo una colonna di fumo salire dalla superficie dorata del lago. Si sentono persone che urlano. E poi le sirene che accorrono da ogni dove. Che cosa sta succedendo? Difficile dirlo da qui. Ma un fumo così denso che sembra levarsi dalla superficie di cristallo del lago nessuno l'ha mai visto. Uno spettacolo che affascina e inquieta. Solo il giorno dopo sapremo come sono andate le cose: durante il concerto di Frank Zappa un fan ha sparato un razzo segnaletico che ha colpito il soffitto del casinò incendiando stoffe e tende. In un secondo tutto stava andando a fuoco. Nessuno è rimasto ucciso, ma tutto è andato distrutto. Una storia pazzesca. E forse merita che qualcuno la racconti. Ne faremo una canzone e la intitoleremo *Smoke on the Water*.

We all came out to Montreux on the Lake Geneva shoreline

Eravamo andati a Montreux sulla spiaggia del lago di Ginevra

to make records with a mobile.

per registrare dischi, con un furgoncino.

We didn't have much time,

Non avevamo molto tempo,

Frank Zappa & the Mothers were at the best place around,

Frank Zappa & the Mothers avevano preso il posto migliore,

but some stupid with a flare gun

ma qualche stupido con una pistola a razzi

burned the place to the ground.

incendiò l'edificio radendolo al suolo.

IL MESSAGGIO IN BOTTIGLIA

PENSA, PRIMA DI FARE UNA COSA STUPIDA

Prima di fare cose che possono produrre un impatto negativo sulla vita degli altri, pensa alle conseguenze che ne potrebbero derivare e valuta bene come procedere.

SMOKE ON THE WATER

DEEP PURPLE

Autori: Richard Blackmore, Ian Gillan, Roger Glover, Jonathan Lord, Ian Paice
Etichetta: EMI/Warner Records
Album: *Machine Head*
Anno: 1972

OLTRE LA CANZONE

Questo brano è in assoluto uno dei più famosi nella storia del rock. Tutti coloro che imparano a suonare la chitarra aspirano a riprodurre l'assolo che lo accompagna e che ne rappresenta il "marchio" inconfondibile. *Smoke on the Water* ha reso i Deep Purple un vero e proprio mito nel mondo del rock. Nel 1989 ne fu realizzata una cover finalizzata a raccogliere fondi per la popolazione armena colpita da un devastante terremoto. Al progetto parteciparono alcune delle rockstar più importanti al mondo quali Bryan Adams, Keith Emerson, Ian Gillan, David Gilmour, Brian May, Paul Rodgers e Roger Taylor.

L'AMICO DEL CUORE

Ciao, ti scrivo questa lettera perché voglio che le parole che leggerai ti restino impresse nella memoria e nel cuore. Quando oggi mi hai detto che eri spaventato all'idea di avere un'amica del cuore mi hai fatto davvero arrabbiare. «Le ragazze che diventano amiche prima o poi nascondono una fregatura»: hai pronunciato questa frase e il mio cervello è andato in black out. Fin da quando ero piccola mi sento raccontare cosa devono essere e cosa non devono essere le ragazze. Sii gentile, non alzare la voce, non mostrarti arrabbiata: voi ragazzi non potete nemmeno capire quanta pressione subiamo noi per adeguarci alle aspettative di tutti. All'inizio sono caduta nella trappola. Ero ciò che tutti volevano che fossi. Poi, alle superiori, c'è stato un cambiamento drastico. Volevo essere me stessa. Mi sono tolta di dosso tutte le aspettative degli altri e mi sono rivestita solo di ciò che io mi aspettavo da me stessa. Diventa ciò che sei: è questo il mio motto. Con te sono stata ciò che volevo essere: la nostra amicizia è diventata speciale. È proprio perché ho messo in gioco con te la mia vera me stessa che la frase che hai pronunciato mi è sembrata intollerabile. Non vuoi un'amica del cuore? Dimmelo in faccia. Ma non parlare mai di me come di una che può nascondere una fregatura. Io sono quella che sono. O almeno ci provo. E non nascondo nulla. Pensaci su. E poi, se vuoi, fatti sentire. Io ti voglio come amico del cuore. Perché tu per me sei importante. Non dimenticarlo mai.

WANNABE

SPICE GIRLS

Autrici: Victoria Adams, Melanie Brown, Emma Bunton, Melanie Chisholm, Geraldine Halliwell, Matthew Rowe, Richard "Biff" Stannard
Etichetta: Virgin
Album: *Spice*
Anno: 1996

OLTRE LA CANZONE

Questo brano ha lanciato le Spice Girls, che sono diventate il gruppo musicale femminile più popolare al mondo, la risposta alle boy-band che negli anni Novanta hanno dominato le classifiche.
Le Spice Girls hanno cercato di portare un messaggio di *empowerment* rivolto a tutte le ragazze. Il loro motto, "Girl Power" (potere alle ragazze), ha generato un ampio dibattito su che cosa si intendesse con questo slogan e su quale significato avesse il sostegno alla crescita femminile in un contesto socioculturale in cui l'immagine della donna era fortemente stereotipata dai media. Le stesse Spice Girls, con tutto il merchandising abbinato alla loro immagine pubblica, contribuivano a diffondere questo tipo di visione. C'era molta ambivalenza, ma anche il concetto di "wannabe" ("voler essere"), presente nella loro canzone inno, nel suo piccolo è servito a produrre una riflessione sui bisogni di crescita delle ragazze.

If you wanna be my lover,

Se vuoi essere il mio ragazzo,

you gotta get with my friends,

devi andare d'accordo con i miei amici,

make it last forever, friendship never ends,

devi far sì che duri per sempre, l'amicizia non muore mai.

If you wanna be my lover, you have got to give,

Se vuoi essere il mio ragazzo, devi darmi molto,

taking is too easy, but that's the way it is.

prendere è troppo facile, ma è così che funziona.

IL MESSAGGIO IN BOTTIGLIA

GIRL POWER

Puoi diventare ciò che gli altri ti dicono di essere. Ma tu cerca di diventare ciò che vuoi essere. Diventare ciò che sei è un tuo diritto, ma è anche un dovere verso te stessa.

AREE TEMATICHE

Amore: ciò per cui siamo al mondo

My Heart Will Go On, Céline Dion
Baby Can I Hold You, Tracy Chapman
I Will Survive, Gloria Gaynor
Suspicious Minds, Elvis Presley
Tragedy, Bee Gees
I Just Call to Say I Love You, Stevie Wonder
Fields of Gold, Sting
The Most Beautiful Girl in the World, Prince
Desperado, Eagles
Leaving on a Jet Plane, John Denver

Le grandi sfide della vita: il romanzo che scriviamo ogni giorno

Hey Jude, The Beatles
The Show Must Go On, The Queen
I Still Haven't Found What I'm Looking For, U2
True Colors, Cyndi Lauper
Candle in the Wind, Elton John
Papa Don't Preach, Madonna
Dancing in the Dark, Bruce Springsteen
Wannabe, Spice Girls
Smoke on the Water, Deep Purple

Starway to Heaven, Led Zeppelin
California Dreamin', The Mamas and the Papas
Tears in Heaven, Eric Clapton
Over the Rainbow, Judy Garland
Everybody Hurts, R.E.M.
Nel blu dipinto di blu (Volare), Domenico Modugno
Light My Fire, The Doors
(I Can't Get No) Satisfaction, The Rolling Stones

Relazioni: gli altri... importanti della nostra vita

Father and Son, Cat Stevens
You've Got a Friend, Carole King e James Taylor
Human Nature, Michael Jackson
Ziggy Stardust, David Bowie
I Am a Rock, Simon & Garfunkel
Ode to My Family, The Cranberries
Praying for Time, George Michael
In the Air Tonight, Phil Collins
Greatest Love of All, Whitney Houston
Honesty, Billy Joel
Respect, Aretha Franklin

Mondo: grandi sfide e battaglie per un mondo migliore

Another Brick in the Wall, Pink Floyd
Blowin' in the Wind, Bob Dylan
Imagine, John Lennon
Fernando, Abba

No Woman, No Cry, Bob Marley
Do They Know It's Christmas?, Band Aid
My Generation, The Who
People Have the Power, Patti Smith
What a Wonderful World, Louis Armostrong
Ebony and Ivory, Paul McCartney e Stevie Wonder
What's Going On, Marvin Gaye
Sailing, Rod Stewart
I Am a Rock, Simon & Garfunkel
Ode to My Family, The Cranberries
Praying for Time, George Michael
In the Air Tonight, Phil Collins
Greatest Love of All, Whitney Houston
Honesty, Billy Joel
Respect, Aretha Franklin

CREDITI

Father and Son
Cat Stevens
Autore: Steven Demetre Georgiou
Etichetta: BMG
Album: *Tea for the Tillerman* - Anno: 1970

You've Got a Friend
Carole King e James Taylor
Autrice: Carole King
Etichetta: Sony/ATV Music Publishing LLC
Album: *Tapestry* - Anno: 1971

Baby Can I Hold You
Tracy Chapman
Autrice: Tracy Chapman
Etichetta: EMI
Album: *Tracy Chapman* - Anno: 1988

Hey Jude
The Beatles
Autori: John Lennon, Paul McCartney
Etichetta: Sony/ATV Music Publishing LLC
Album: *The Beatles* - Anno: 1968

Desperado
Eagles
Autori: Glenn Frey, Don Henley
Etichetta: Asylum Records
Album: *Desperado* - Anno: 1973

Respect
Aretha Franklin
Autori: Aretha Franklin, Otis Redding
Etichetta: Atlantic Records
Album: *I Never Loved a Man the Way I Love You* - Anno: 1967

The Show Must Go On
The Queen
Autori: Farrokh Bulsara, John Deacon, Brian May, Roger Meddows-Taylor
Etichetta: Parlophone
Album: *Innuendo* - Anno: 1991

I Will Survive
Gloria Gaynor
Autori: Dino Fekaris, Freddie Perren
Etichetta: Polydor
Album: *Love Tracks* - Anno: 1978

I Still Haven't Found What I'm Looking For
U2
Autore: Paul David Hewson
Etichetta: Island Records
Album: *The Joshua Tree* - Anno: 1987

Another Brick in the Wall
Pink Floyd
Autore: Roger Waters
Etichetta: Harvest Records/Columbia Records
Album: *The Wall* - Anno: 1979

Blowin' in the Wind
Bob Dylan
Autore: Robert Allen Zimmerman
Etichetta: Columbia Records
Album: *The Freewheelin' Bob Dylan* - Anno: 1963

Leaving on a Jet Plane
John Denver
Autore: Henry John Deutschendorf Jr.
Etichetta: Warner Music Group
Album: *Rhymes and Reasons* - Anno: 1969

My Heart Will Go On
Céline Dion
Autori: James Horner, Will Jennings
Etichetta: Columbia Records/Epic Records
Album: *Let's Talk About Love* - Anno: 1997

True Colors
Cyndi Lauper
Autori: Tom Kelly, Billy Steinberg
Etichetta: Epic Records
Album: *True Colors* - Anno: 1986

Human Nature
Michael Jackson
Autori: John Bettis, Steve Porcaro
Etichetta: Epic Records
Album: *Thriller* - Anno: 1982

Suspicious Minds
Elvis Presley
Autore: Francis Rodney Zambon
Etichetta: RCA Records
Album: *Suspicious Minds* - Anno: 1969

Imagine
John Lennon
Autore: John Lennon
Etichetta: Apple Records
Album: *Imagine* - Anno: 1971

Fernando
ABBA
Autori: Göran Andersson, Stig Andersson, Björn Ulvaeus
Etichetta: Polar Music/Epic Records/Atlantic Records
Album: Singolo - Anno: 1976

Candle in the Wind
Elton John
Autori: Elton John, Bernie Taupin
Etichetta: DJM Records/MCA Records
Album: *Goodbye Yellow Brick Road* - Anno: 1973

Honesty
Billy Joel
Autore: William Martin
Etichetta: Columbia Records
Album: *52nd Street* - Anno: 1978

Ziggy Stardust
David Bowie
Autore: David Robert Jones
Etichetta: RCA Records
Album: *The Rise and the Fall of Ziggy Stardust and the Spiders from Mars* - Anno: 1972

No Woman, No Cry
Bob Marley
Autore: Robert Nesta Marley
Etichetta: Island Records
Album: *Netty Dread* - Anno: 1974

Papa Don't Preach
Madonna
Autore: Brian Elliot
Etichetta: Sire Records
Album: *True Blue* - Anno: 1986

Dancing in the Dark
Bruce Springsteen
Autore: Bruce Springsteen
Etichetta: Columbia Records
Album: *Born in the U.S.A.* - Anno: 1984

Tragedy
Bee Gees
Autori: Barry Gibb, Maurice Gibb, Robin Gibb
Etichetta: RSO Records
Album: *Spirits Having Flown* - Anno: 1979

I Am a Rock
Simon & Garfunkel
Autore: Paul Simon
Etichetta: Columbia Records
Album: *Sound of Silence* - Anno: 1966

Fields of Gold
Sting
Autore: Gordon Matthew Thomas Sumner
Etichetta: A&M
Album: *Ten Summoner's Tales* - Anno: 1993

I Just Called to Say I Love You
Stevie Wonder
Autore: Stevland Hardaway Morris
Etichetta: Motown Records
Album: *The Woman in Red* - Anno: 1984

Do They Know It's Christmas?
Band Aid
Autori: Bob Geldof, Midge Ure
Etichetta: Phonogram Records/Columbia Records
Album: *Do They Know It's Christmas?* - Anno: 1984

Ebony and Ivory
Paul McCartney e Stevie Wonder
Autore: James Paul McCartney
Etichetta: Parlophone/EMI/Columbia Records
Album: *Ebony and Ivory* - Anno: 1982

Greatest Love of All
Whitney Houston
Autori: Linda Creed, William Michael Masser
Etichetta: Arista Records
Album: *Whitney Houston* - Anno: 1985

(I Can't Get No) Satisfaction
The Rolling Stones
Autori: Michael Philip Jagger, Keith Richards
Etichetta: London Records/Decca Records
Album: *Out of Our Heads* - Anno: 1965

Light My Fire
The Doors
Autori: John Paul Densmore, Robert Alan Krieger,
Raymond Daniel Manzarek Jr., James Douglas Morrison
Etichetta: Elektra Records
Album: *Light My Fire* - Anno: 1967

Sailing
Rod Stewart
Autore: Gavin Sutherland
Etichetta: Riva Records/Warner Bros.
Album: *Atlantic Crossing* - Anno: 1975

The Most Beautiful Girl in the World
Prince
Autori: Bruno Bergonzi, Prince Rogers Nelson, Michele Vicino
Etichetta: NPG Records/Bellmark Records/Edel AG
Album: *The Gold Experience* - Anno: 1994

What's Going On
Marvin Gaye
Autori: Renaldo "Obie" Benson, Al Cleveland, Marvin Pentz Gay
Etichetta: Motown Records
Album: *What's Going On* - Anno: 1971

Nel blu dipinto di blu (Volare)
Domenico Modugno
Autori: Francesco Migliacci, Domenico Modugno
Etichetta: Fonit Cetra
Album: *La strada dei successi* - Anno: 1958

In the Air Tonight
Phil Collins
Autore: Philip David Charles Collins
Etichetta: Virgin Records/Atlantic Records
Album: *Face Value* - Anno: 1981

Everybody Hurts
R.E.M.
Autori: William Thomas Berry, Peter Lawrence Buck,
Michael Edward Mills, John Michael Stipe
Etichetta: Warner Bros.
Album: *Automatic for the People* - Anno: 1992

What a Wonderful World
Louis Armstrong
Autori: Bob Thiele, George David Weiss
Etichetta: ABC Records/HMV
Album: *What a Wonderful World* - Anno: 1967

Over the Rainbow
Judy Garland
Autori: Harold Arlen, Isidore Hochberg
Etichetta: Decca Records
Album: *Over the Rainbow* - Anno: 1939

Ode to My Family
The Cranberries
Autori: Noel Hogan, Dolores O'Riordan
Etichetta: Island Records
Album: *No Need to Argue* - Anno: 1994

Tears in Heaven
Eric Clapton
Autori: Eric Clapton, Will Jennings
Etichetta: Warner Bros.
Album: *Tears in Heaven* - Anno: 1992

Praying for Time
George Michael
Autore: Georgios Kyriacos Panayiotou
Etichetta: Epic Records/Columbia Records
Album: *Listen Without Prejudice Vol. 1.* - Anno: 1990

People Have the Power
Patti Smith
Autori: Frederick Dewey Smith, Patricia Lee Smith
Etichetta: Arista Records
Album: *Dream of Life* - Anno: 1988

California Dreamin'
The Mamas and the Papas
Autori: Holly Michelle Gilliam, John Phillips
Etichetta: Dunhill Records
Album: *California Dreamin'* - Anno: 1965

Stairway to Heaven
Led Zeppelin
Autori: James Patrick Page, Robert Plant
Etichetta: Atlantic Records
Album: *Led Zeppelin IV* - Anno: 1971

My Generation
The Who
Autore: Peter Dennis Blandford Townshend
Etichetta: Brunswick Records/Decca Records
Album: *My Generation* - Anno: 1965

Smoke on the Water
Deep Purple
Autori: Richard Blackmore, Ian Gillan, Roger Glover,
Jonathan Lord, Ian Paice
Etichetta: EMI/Warner Records
Album: *Machine Head* - Anno: 1972

Wannabe
Spice Girls
Autrici: Victoria Adams, Melanie Brown, Emma Bunton,
Melanie Chisholm, Geraldine Halliwell, Matthew Rowe,
Richard "Biff" Stannard
Etichetta: Virgin
Album: *Spice* - Anno: 1996

DEGLI STESSI AUTORI

Un piccolo atlante musicale per esplorare in 50 canzoni italiane il viaggio più bello che ciascuno di noi fa: la vita.

Diventa ciò che sei: il messaggio di Girl R-evolution sta in queste quattro semplici parole.